U0137242

避實就虛

別笑 這是最牛的幽默

生活需要快樂　幽默無需理由

龍逸文——著

幽默是人們日常交際中，最為特殊的情緒表達，是透過機智和敏捷，指出別人的缺點或者優點，在微笑中，對別人的行為加以否定或者肯定的行為。

前言

生活需要快樂，幽默無需理由。

幽默是人們日常交際中，最爲特殊的情緒表達，是透過機智和敏捷，指出別人的缺點或者優點，在微笑中，對別人的行爲加以否定或者肯定的行爲。幽默並不是油腔滑調，更不是嘩眾取寵，相反的，只有那些從容、機智、平等待人的人，才能夠掌握幽默的真諦。

幽默對於人們的消極情緒，有很好的淡化作用，它能夠幫助人們消除沮喪和痛苦。在許多人看來是很頭疼的事情，懂得幽默的人則可以很輕鬆地應對，他們的生活更有情趣。

其實，幽默除了能夠讓人心情愉悅之外，它還有其他的重要作用。

首先，幽默可以促進人際的交流，能夠提高人際影響力。在很多場合，嚴肅和直接的交流方式，可能會導致衝突或者尷尬，此時，幽默就是一種很好的選擇。幽默感在人際交往中所帶來的促進作用，讓現代人越來越重視它，在人際交往中，它可以有效地化解分歧、加強人際溝通、緩解人際交往中的突發尷尬事件等等，它讓我們的交際變得輕鬆又簡單。

其次，幽默可以促進認知和社會行爲能力。有心理學家做過研究，幽默所引起的愉悅情緒，能夠提高人的認知能力和社會行爲。幽默可以讓人更加有效地整合記憶、更直接地做出思考和判

斷、提出更有創造性的問題解決辦法，幽默還能夠提高人的情商，促進人們高尙情操的形成。

最後，幽默還可以緩解人們工作和生活中的壓力。現代社會的節奏越來越快，工作中的競爭變得更加激烈，人們總會有身心疲憊的感覺，焦慮症、抑鬱症頻發，心理學家認爲，幽默是一種很好的緩解壓力的緩衝器，雖然它無法改變生活中的壓力，但是它可以減少壓力對人們健康的損害，而且這種作用已被人們普遍認同。

幽默還可以拉近人與人之間的距離，消除人們交往的隔膜。生活中的每個人都應該學一點幽默，多一點幽默感，生活才會變得有滋有味。

幽默感在我們的工作和生活的多方面有著重要意義，本書從如何培養幽默感，到生活和工作各個場合中如何應用幽默感，均做了詳盡的介紹，並且透過一個個幽默的故事，感悟出生活的眞諦，讓人們眞正地領略幽默的魅力。

第一章　故意曲解，只為了會心一笑

CONTENTS

CONTENTS

CONTENTS

第四章 借題、離題，幽默才是主題

CONTENTS

第五章 避實就虛，在虛處添一點輕鬆

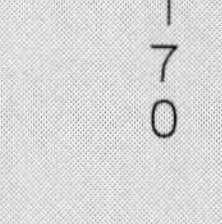

CONTENTS

第六章 低調應對，幽默而不失謙虛

CONTENTS

第七章　諧音巧借，博君一樂

CONTENTS

第八章　看別人的笑話，讓自己不被人笑

CONTENTS

Chapter

第一章

故意曲解，只為了會心一笑

在一定的場合中，故意曲解對方的意思，可以得到很好的幽默效果，大家會在會心一笑之間，領悟你的意思，而你透過幽默傳遞個人看法的方式，會被其他人所效仿和學習。接下來我們透過一些事例，具體看一下該如何利用曲解對方意思的方式，傳遞自己的看法。

1 會裝糊塗，才是真聰明

著名的文學家伏爾泰，在八十四歲的時候，已經臥床不起了，有一天，一個牧師來到他的病床邊，爲他祈禱。

但令人沒有想到的是，伏爾泰對此行爲不但不領情，反而有點生氣，開始盤問牧師的身份，他說：「請問這位年輕的牧師，誰讓你來到這裡的？」

牧師畢恭畢敬地說：「伏爾泰先生，我是受上帝的指令來到這裡的，爲您祈禱懺悔。」

伏爾泰用已經有點微弱的口氣說道：「那能拿出你的證件讓我看看嗎？以防假冒者。」

中國智慧裡有一種聰明，叫做「大智若愚」，這種智慧的具體表現方式，無非就是故意說錯話，給別人一種癡癡傻傻的印象，但其實心裡非常明白，只不過是把自己高深的智慧，隱藏在了表面的糊塗裡，透過故意說錯的話，讓對方領略幽默的味道。

很明顯，上帝只是牧師信念中的神，是無法出現在我們的生活中的，伏爾泰讓牧師拿出證件，看起來很荒誕，但其實是伏爾泰這個無神論者，對牧師開的一個玩笑。

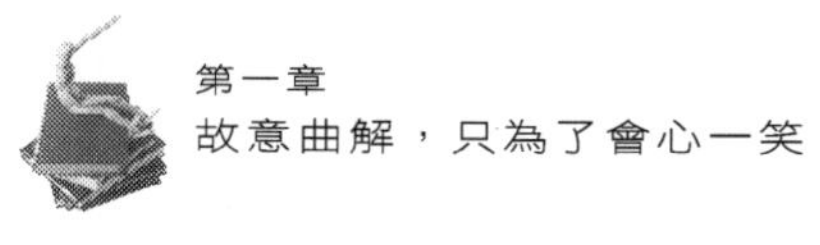

2 寬廣胸襟處理惡意玩笑

某年愚人節的時候，有人爲了和馬克．吐溫開玩笑，於是就登報發佈消息說：馬克．吐溫死了。

沒有想到，這則消息在他的朋友之間流傳開來，很多人都去弔唁他，可是他們卻看到馬克．吐溫正趴在桌子上寫東西，朋友們先是一驚，然後開始譴責那家報紙和寫報導的人。

馬克．吐溫卻很鎭定地說：「他們也沒有說錯啊，只不過是把時間提前了一些而已。」

開玩笑最忌諱的就是當眞，即使對方的玩笑開得比較大，那也應該以自己寬闊的胸懷接納，而不是大動干戈，讓對方和自己都受到心理上的折磨。

在中國，現在也開始在愚人節的那天，開別人一些善意的玩笑，這種傳統在國外已經有很長的歷史了，面對這樣有點「惡毒」的玩笑，馬克．吐溫依舊可以從容面對，顯得非常大度，同時也平定了朋友們的怒火。

3 笑著面對別人的錯誤

一八九五年，倫琴爲自己發現的特殊射線命名爲倫琴射線，也就是我們平常所說的「X」射線，「X」射線的出現，轟動了整個德國，不久之後，倫琴收到一封信，希望能郵購「X」射線。

倫琴看完信後，在寫回信的時候寫道：「我手頭現在沒有X射線的存貨，而且郵寄也會讓它變得不夠新鮮，這樣吧，你把胸腔給我寄過來。」

「X」射線的作用是透視胸腔，並不是固體或者液體，只是一種射線，根本無法郵寄，面對對方這個可笑的要求，倫琴並沒有直接予以拒絕，而是按照對方的思考方法，給對方以巧妙的答覆。

面對別人出現的錯誤，我們可以直接反駁、也可以善意地解釋給對方，其實還可以和他們開個玩笑，用幽默的方式指出別人的錯誤。

4 故意曲解對方的意思

有一天，A去看醫生，他對醫生說：「我現在非常想減肥，可是現在我吃什麼，好像都在長肉，您能給我一些有效的減肥方法嗎？」

這位醫生也很幽默，他說：「減肥很容易，不需要什麼特殊的方法，你只要吃兩片麵包就是了。」

A聽後非常開心，然後離家了醫院。

但是，不久他又回到了醫院，然後問醫生說：「不好意思，我想知道，您剛才說的只吃兩片麵包，是在飯前吃呢，還是在飯後吃？」

醫生讓A透過節食的方法減肥，只讓他吃兩片麵包，這是個不現實的方法，A沒有直接去駁斥醫生的話，而是故意曲解他的意思，讓醫生自己悟出他的方法並不是很妥當。

5 「理直氣壯」面對責難

德威恩．切爾諾克斯是個值得人們尊重的人，但是他只做了一天的執政官，就離開了人世。西塞羅對他的死非常遺憾，他因爲這件事情，想到了古羅馬糟糕的行政管理，於是他經常就德威恩．切爾諾克斯先生的事大作文章。

有一天，西塞羅對人們說：「我們曾經有一位非常優秀的執政官，他在他的任期內連覺都沒有睡過。」

有人很不高興地說：「德威恩．切爾諾克斯先生活著的時候，你從來沒有拜訪過他。」

西塞羅辯解道：「你怎麼知道我沒有去拜訪過他，我在去的路上他就死了，沒想到死神比我走得快。」

在面對別人無中生有的責難時，你並非一定要避讓，其實你可以做到「理直氣壯」。西塞羅遭受到別人的責難，說他沒有去拜訪過德威恩．切爾諾克斯，以雄辯出名的西塞羅並沒有妥協，而是以開玩笑的口吻，講了上面那段話，使整個場面不至於很尷尬，他的幽默機智，顯示了他一個優秀雄辯家的才能。

6 巧妙利用語言的多樣性

有一天，拿破崙去圖書館，希望找到自己想要的一本書，他在書架的最上面找到了那本書，但是他踮起了腳尖，還是拿不到那本書。

隨身侍衛馬歇爾．蒙塞是高個子，他看到這些之後，走上前說：「讓我幫助您拿下來吧。」馬歇爾．蒙塞拿下書後，非常高興地說：「我比陛下高。」

拿破崙卻非常有意思地說：「請注意，馬歇爾．蒙塞先生，你只是比我長而已。」

相同的話，有不同的說法，語言具有多樣性，有時候，語言換一種表達的方式，或許會得到更好的效果。

拿破崙的「長」，在這裡只是指身高方面的問題，如果按照馬歇爾．蒙塞的話來說，還可以引申爲地位等方面，拿破崙用幽默的語言，糾正了侍衛的錯誤。

7 合理解釋自己的荒唐之舉

有一天，郁達夫和一位軍界的朋友在飯館吃飯，吃完的時候，服務員來到他們面前結帳，但沒有想到的是，郁達夫居然從鞋墊底下拿出幾張鈔票給了服務員。

軍界的這位朋友感到非常不可思議，於是問他原因。

郁達夫不慌不忙地說：「以前都是它壓迫我，現在我也可以壓迫它了。」

人們總會在不經意間，做出令人感到奇怪的舉動，但是有些人卻可以合理地解釋自己的行為，這不僅是口才的表現，還是一種對人生的感悟。

郁達夫一直以來的生活都不是很如意，也就是過著被錢壓迫的生活，等到他現在日子有所改善的時候，就將錢放到了鞋底。郁達夫透過這種曲解法的口才運用，讓朋友開懷大笑。

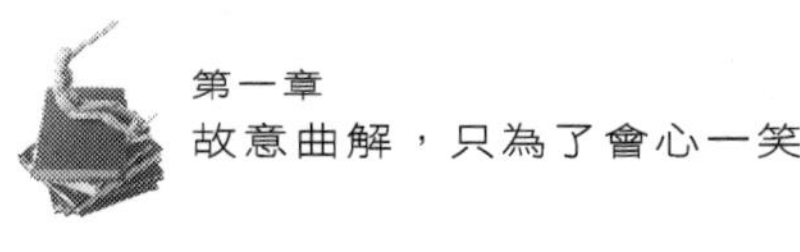

8 講個故事包含你的想法

迪斯雷利有一次接受一個人的詢問，對方說：「災禍和不幸有什麼區別呢？」

迪斯雷利想了想，說：「舉個例子吧，如果有人掉進了河裡，這就是災禍；如果有人想把他拉上來，但是沒有成功，這就是不幸了。」

很多事情說起來很複雜，這個時候就需要透過打比方的方法，把事情說清楚。「災禍」和「不幸」要說清楚，是個很麻煩的事情，於是迪斯雷利透過一個故事，將這兩個詞語放進去解釋，看似沒有解釋，實際上已經說得很明確了。

9 學會平易近人

在邱吉爾八十歲大壽的時候，一位年輕的記者問他：「首相先生，我很希望明年可以來給您過生日。」

沒想到邱吉爾站起來，然後拍著對方的肩膀說：「小夥子，你看起來這麼年輕，身體也不錯，應該沒有什麼問題。」

那些位高權重的人，總是給人高高在上的感覺，如果他們能夠更平易近人一些，就能製作出更爲和諧的氣氛來。

很明顯，記者的意思，是想要明年繼續來給邱吉爾祝賀生日，而邱吉爾故意曲解了對方的意思，說對方的身體很好，可以活到明年。這其實是一個很有意思的故事，緩和了當時的氣氛，同時也顯現出了邱吉爾平易近人的風範。

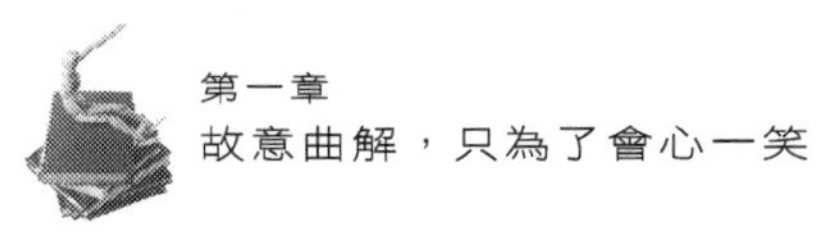

10 故意重複對方的話

密特朗爲了能夠連任總統，和法國的前總理希拉克展開了非常激烈的競選大戰，在電視的辯論中，密特朗不斷在強調著：「總理閣下。」

希拉克非常生氣地說：「密特朗先生，我們這是在競選，不存在總統和總理的區別。」

密特朗笑著說：「好的，總理閣下。」

在有些特定的場合，故意重複對方不想聽到的話，同樣可以達到幽默的效果。

在法國，總統的職位是要高於總理的，密特朗爲了能夠在這次選舉中壓制希拉克，所以在和對方的辯論中，不斷提起「總理閣下」，表面上看是對希拉克的尊重，實際上是在故意提醒選民對方是總理，我是總統，這種提醒也有著幽默的意味。

11 找到合理的理由

斯特拉芬斯基是個非常出名的音樂人，他創作過大量被美國人熟知的樂曲，有一天，一個電影人給斯特拉芬斯基說：「我拿出四千元的薪酬，希望你能夠給好萊塢的某部電影配樂。」

斯特拉芬斯基拒絕了對方，他說：「太少了。」

那位電影人繼續說道：「但是有一位作曲家，卻願意給這部影片譜曲。」

斯特拉芬斯基幽默地說：「他有才，而我沒有，我幹起來要吃力很多的。」

看起來沒有道理的地方，在智慧的人眼中卻能夠找到合理的理由，有點「強詞奪理」，但是的確可以達到效果，並且感覺很幽默。

斯特拉芬斯基故意這樣說，告訴對方如果要讓他譜曲的話，那就要多付出一些勞動報酬，顯示了斯特拉芬斯基的機智。

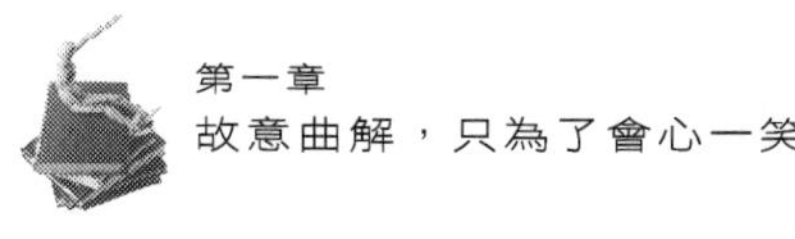

12 側面回答對方的問題

有一次，一個外國的朋友對侯寶林說：「我們的演員都做了總統，您爲什麼沒有呢？」侯寶林聽後笑著說：「因爲他們都是些三流演員，而我是一流的啊。」

國家的政治體制不相同，從事的職業的未來發展也有著不同，對於演員可以做總統的這件事，侯寶林並沒有正面回答，他透過職業能力的方面來回答，打破了僵局，避開了對方的話題，也展示了自己的幽默。

13 不同場合用不同的語言

一九七二年五月，季辛吉在維也納召開了一個記者會。有位記者向季辛吉問關於美蘇和談的程序問題：「到時候，你是打算一下子傾盆大雨般宣佈呢，還是點點滴滴地宣佈呢？」

季辛吉聽後想了想，說：「我們決定點點滴滴地發表成批的說明。」

會場上一下子被他的話逗樂了。

不同的場合要求不同的說話方式，有時候需要說明白，有時候含糊一些，反而效果更好。往往那些含含糊糊的話不僅有幽默的效果，而且還會讓人思考很久。

點點滴滴發表是一種溫和的風格；傾盆大雨則是比較激烈的表現。在美蘇冷戰的時期，一旦有任何話題，都會被世界關注，季辛吉面對這樣的問題，很聰明的選擇了含糊的方法，他的話也讓人們捉摸不定。

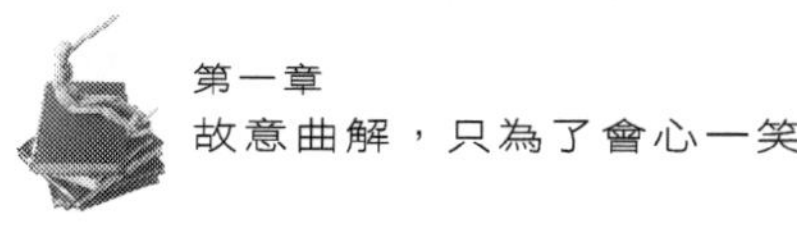

14 裝糊塗的妙用

普希金成名之前，去參加在聖彼德堡舉辦的一個舞會，他邀請一位年輕又漂亮的貴族小姐跳舞。

這位傲慢的貴族小姐，並不怎麼瞧得起普希金，她非常冷淡地說：「我可不想和一個孩子跳舞。」

普希金並沒有因爲對方的話而生氣，反而笑著說：「對不起，女士，我不知道您現在還懷著孩子。」

裝糊塗其實也是一種幽默的方式，這樣做，可以讓我們緩和所面對的尷尬。

這位貴族小姐的意思，是奚落普希金像個孩子一樣，但是普希金故意裝糊塗，故意理解成對方懷著孩子，輕鬆化解了一場尷尬。

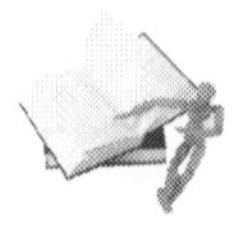

15 順著對方把話說下去

華盛頓有一天晚上約了幾個朋友，在壁爐前聊天，當時壁爐的火非常旺，華盛頓感到後背有些熱，於是轉過身，臉對著壁爐坐著。

有一位客人看到華盛頓的這個舉動，開玩笑的說：「將軍，您應該頂得住戰火啊，可不能畏懼它。」

華盛頓聽後笑著說：「作爲將軍，我可要敢於面對戰火，接受他的挑戰，背對著，很像是一個逃兵啊。」

在人際交往中，順著對方的話說下去，其實也是一種展現幽默的方式，這樣做，很容易讓事情順著自己的想法發展，而且還可以產生幽默的效果。

華盛頓感覺到後背熱，可對方故意說他是堅持不下去了，於是華盛頓順著對方的話說下去，表明自己只是想正面對著爐火，看起來是個幽默，但包含著很深的道理。

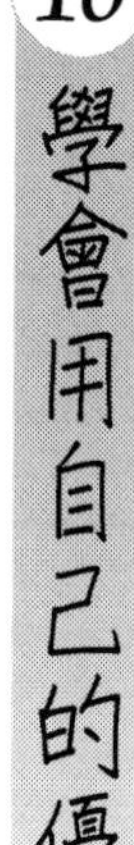

16 學會用自己的優勢

爲了鍛煉小兵的生活能力和自理能力，父親經常讓他做一些簡單的家務工作。有一次，父親讓小兵削馬鈴薯皮，小兵突然說：「你要知道，你是在非法雇傭童工。」父親當即說：「那去法院告我吧，不過我也要告你虐待老人。」

小兵藉助自己年幼的優勢，向對方發起語言挑戰，可對方正好藉助年老的優勢予以回擊，自然而然產生了幽默的效果。

17 不斷暗示給對方

赫伯特．特里在一次排練中，感覺效果不是很好，於是對一個年輕的演員說：「往後退幾步。」

那位年輕的演員後退了幾步。

但是沒有過幾分鐘，赫伯特．特里又讓對方後退幾步。

那位年輕演員又後退了幾步。

過了一會，赫伯特．特里要求對方再往後退。

那位年輕的演員說：「再後退，就到後臺了。」

赫伯特．特里非常高興地說：「對的，這就對了。」

赫伯特．特里對那位年輕的演員不滿意，認爲他的演技還不夠做一個合格的演員，但是又不好意思直接說，於是就用這個後退的辦法告訴對方，這裡用到的就是暗示的方法，這樣不僅不會傷害到對方的面子，而且還有幽默的效果。

18 將物體擬人化

阿爾芒．法利埃去拜訪大雕塑家羅丹，他們一同進入羅丹的工作室，阿爾芒．法利埃看到滿地的頭、手、腳和軀幹，不由皺起了眉頭。

羅丹非常慚愧地說：「對不起，如果知道你要來的話，我就會收拾收拾的。」

阿爾芒．法利埃笑著說：「這個不怪你，誰讓他們走路不小心的。」

一般人面對這種場合，總會說「沒關係」，這樣說很正常，但是有點乏味，如果要想使場面變得有趣一些，就需要像阿爾芒．法利埃一樣，把雕塑品當做眞人，然後將地上的手啊、腳啊之類，歸罪於雕塑品自己不小心掉下來的。

19 用協力廠商攻擊，增加自己語言的權威性

哈里．杜魯門曾經在一個全國性的講話中挑戰甘迺迪，說：「我們的民眾需要一位成熟的人。」

甘迺迪卻很聰明地說：「如果只是將年齡作爲批判標準的話，那麼美國將會放棄對四十四歲以下所有人的信任。這種做法可能阻止了傑弗遜起草《獨立宣言》、也會阻止華盛頓領導的獨立戰爭中的美國軍隊、還有麥迪森起草憲法、還有哥倫布去發現新大陸……」

甘迺迪藉助傑弗遜、華盛頓、麥迪森、哥倫布這些優秀的人，來證明年輕會更有創造力，從而讓自己的發言更加有權威性和可信性，而且他的講話也會變得幽默有趣。

20 任何場合都需要坦蕩

出名之後的卓別林，被很多人模仿。有一次，一家公司舉辦另一個模仿卓別林的大賽，還請了一些專門研究卓別林的人做評委，卓別林知道這個消息之後，也趕去參加比賽，但是最後的結果是他獲了一個第二。

頒獎的那天，這家公司請來卓別林來講話。

當時卓別林講道：「毋庸置疑，世界上只有一個卓別林，那個人就是我，但是對於評論家的意見，我還是尊重的，所以，被評爲第二名的我就不用講話了，有請第一名上來講話。」

按照常理，最像卓別林的人應該是他本人，但是在評委們的眼中，對卓別林有另一個認識，所以比賽的結果並不是卓別林自己取得第一，卓別林接受了這個事實，而且非常坦蕩的邀請那位第一名上來講話。

21 給雙方都留臺階

有一次，正在做講演的林肯收到了別人遞上來的紙條，林肯打開看到了兩個字：「笨蛋」。這個時候的林肯感覺到了尷尬，同時也非常生氣，但是他很快就恢復了平靜，然後笑著說：「我以前收到過很多的匿名信，大多數都是有正文而沒有署名，今天收到的卻只有署名，沒有正文，眞是奇怪。」

講完這些話後，林肯繼續自己的講演。

在遇到別人惡意的攻擊的時候，不一定要衝冠一怒，其實，有時候選擇幽默的方式對待，反而會獲得更好的效果，這樣不僅可以給自己和對方都留有臺階，而且還可以讓自己順利地擺脫當時尷尬的場面。

面對匿名者的侮辱，林肯故意把對方謾罵的話語，理解成了對方的署名，對方可以說是搬起石頭砸了自己的腳。林肯這樣的智慧，讓自己在面對別人的惡意攻擊的時候，既維護了自己的尊嚴，又不失幽默和大度。

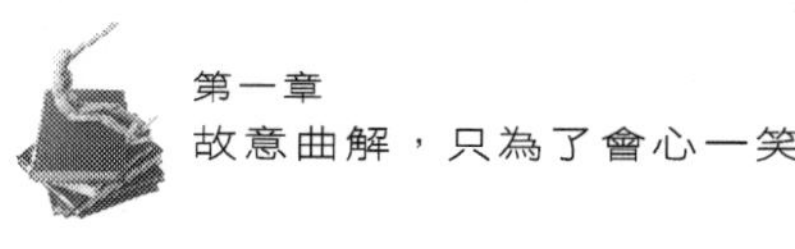

22 藉助暗示讓對方後退

羅伯特．勃朗寧對於無聊的聊天和應酬非常反感，在一次社交的聚會上，有一位先生對羅伯特．勃朗寧提出了很多無聊的問題。

羅伯特．勃朗寧在對方的問題中，沒有找到任何有價值的東西，於是變得更加的不耐煩了，決定離開……

於是，羅伯特．勃朗寧對那位先生說：「對不起，先生，我獨佔了您這麼長的時間。」

當我們不喜歡某種環境時，我們可以藉助聰明的辦法暗示給對方，從而讓對方撤退，在人際交往中，不要輕易拒絕別人。

羅伯特．勃朗寧對對方顯示了尊重，但是他畢竟對對方的聊天方式很不感興趣，所以爲自己的離開，找了一個看起來稍微冠冕一點的理由，也不讓對方認爲自己是個傲慢的人，從而維護了雙方的關係。

23 舊話重提的方法

有一次，老舍先生正在幫助清朝的最後一個皇帝溥儀，修改他的自傳《我的前半生》，這個時候，他的老朋友樓適夷來看望他，於是就問老舍在幹什麼。

老舍笑著說：「我正在做奴才，給我們的主子改稿子呢。」

「舊話重提，舊詞新用」的方法，是一種很有效的幽默方式，將我們以前的事情做一個梳理，然後再找出一些曾經使用過的語言，從而達到幽默的效果。

滿清的時候，給皇帝辦事的人，都被稱爲奴才或者自稱爲奴才，解放之後，溥儀雖然已經不再享有皇帝的權力，但他畢竟曾經是皇帝，所以老舍故意這樣說，爲的就是讓老友樓適夷聽後笑一笑。

24 認真對待生活中的每一件事

陳景潤是個做事很認眞的人，他在晚年的時候終於有了兒子，所以自然把這個兒子當寶貝一樣。

有一次，陳景潤的一位同事看到白白胖胖的小孩子，然後給他說：「我可以抱一下他嗎？」陳景潤想了一會兒，說：「你先打個借條吧。」

陳景潤並不是很希望別人抱他的兒子，但是對於朋友或者熟人直接拒絕的話，顯得有點難堪，所以他自己想出了這樣的一個辦法，既緩和了氣氛，也沒有得罪朋友。

25 考慮到協力廠商

以撒．巴什維斯．辛格是個素食主義者，但是他的很多學生對此非常不解，於是有一天他們就問以撒．巴什維斯．辛格道：「您之所以提倡素食，是不是因爲健康方面的問題？」

以撒．巴什維斯．辛格卻很幽默的說：「我之所以這樣做，是爲了雞和牛的健康。」

以撒．巴什維斯．辛格並沒有像學生想的那樣，回答有關於自己健康的問題，而是轉到了雞和牛的健康回答上，很顯然，他的這句話達到了幽默的效果。

26 用客觀事實說話

有人要租房子，於是指著房子問房東，說：「這房子是不是經常漏雨？」房東很有趣，他說：「不是，這所房子只有在下雨的時候才漏雨。」

房客問的是房子的品質問題，但是房東轉移了話題，回答中富含著幽默的成分。

27 故意裝無知

有一天，雨果到邊境旅遊，遇到了檢查登記的憲兵，對方問他的姓名。
雨果只好如實回答自己叫雨果。
憲兵又問道：「做什麼的？」
雨果回答道：「寫東西的。」
憲兵又問道：「用什麼維持生計？」
雨果回答說：「筆桿子。」
於是，那個憲兵在登記的本子上寫道：「雨果，以販賣筆桿爲生。」

幽默的產生並不一定都是故意爲之，有些時候，一個經典的幽默，很有可能是因爲誤解所導致的，如果想要製造幽默的效果，那就用自己的「無知」來達到效果。

在這裡，無知的憲兵曲解了雨果的意思，筆桿子一般都是文人自己的代稱，是一種自嘲的說法，但是憲兵錯誤的理解了它，於是，著名的作家雨果也做了一回小商販。

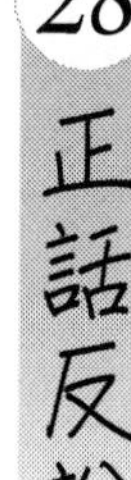

28 正話反說

有一天，有個人問泰勒斯說：「您見過的最爲奇特的事情是什麼？」泰勒斯隨口回答道：「長壽的暴君。」

當然誰都知道，暴君一般是不會長壽的，因爲他要麼被推翻，要麼就會因爲自己的殘暴和荒淫無度影響到健康，從而折了壽命。泰勒斯故意這樣回答，自然顯出了一種幽默。

29 用到時間的概念

某新聞類節目主持人，接受了一群大學生的訪問，其中一個大學生問道：「我是歷史系的學生，那我以後可以做新聞主持人嗎？」

主持人笑了笑，說：「今天的新聞，不就是明天的歷史嗎？」

主持人的幽默，得到了所有人的掌聲。

新聞和歷史的區別在於時間上，這位主持人並沒有正面回答這個學生的問題，而是藉助時間的概念，然後透過其他方面回答這個問題，充滿了幽默感。

30 曲解對方的意思

卓別林的朋友來拜訪他，對方問卓別林說：「您認爲世界上最偉大的語言大師是誰呢？」

「那應該是上帝了，因爲你看，世界上的人用不同的語言向他祈禱，他都可以聽懂。」卓別林說。

對於對方提出的，自己無法回答或者難以回答的問題，故意曲解對方的意思，其實是個很好的辦法，不要認爲所有的問題都需要正面回答。

「誰是最偉大的人？」諸如這樣的問題，其實是很難回答的，即便是你費上半天口舌，也不一定能夠說清楚，所以卓別林乾脆說是上帝。卓別林用的，就是故意曲解對方意思的方法，讓一個平淡的、甚至有點無聊的問題，變得具有幽默感。

31 從容面對自己的弱點

一九七九年，約翰．梅傑參選下院議員。

競選過程中，一個農場主有點故意地說：「您居然欠缺農業方面的知識，這實在讓我太意外了。」

約翰．梅傑隨即說：「先生，讓您失望了，我不懂奶牛也不懂水牛，但是我可以保證如果你投了我的票，我就可以在一天之內成爲養牛專家。」

世界上不存在對什麼都懂的人，每個人都有自己的弱點，如果能夠在自己的弱項面前做到從容應對，你就是一個了不起的人物。

約翰．梅傑並沒有否認自己的弱點，他一邊給自己拉著選票，一方面表明自己願意去學養牛方面的知識，這句話還包含著約翰．梅傑的自信和決心。

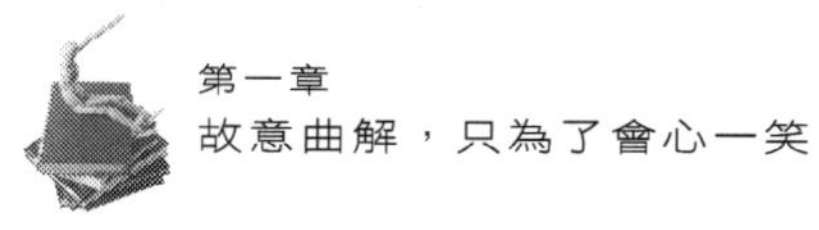

32 迴避自己無法回答的問題

清朝乾隆年間，乾隆問手下的劉墉說：「我朝一年大概死多少人，生多少人？」

劉墉很機智的說：「一年中生的只有一個，死的有十二個。」

乾隆對此很驚奇，問他為什麼。

劉墉於是解釋道：「今年是馬年，所以無論生多少人，他們都是屬馬的，所以說只能出生一個，而死去的，無論怎樣什麼屬相的都會有，所以我說死十二個。」

對於不能回答的問題，請記住，可以用其他的手段加以迴避。如果要正面回答乾隆的問題，就需要到戶部去參閱人口記錄方面的數字，但是劉墉知道乾隆也只是隨口一問，所以就自己想了這麼一個辦法，逗皇帝開心。

33 模糊概念回答問題

乾隆有一次又刁難劉墉道：「京師總共有九個門，那請問每天進出的各有多少人？」

劉墉考慮都不考慮的說道：「只有兩人，萬歲。」

乾隆詢問爲什麼，劉墉解釋說：「就算每天出進的人有千千萬萬，都總歸是兩種性別，男人和女人。」

對於乾隆這樣刁鑽的問題，估計誰都回答不出來，劉墉只能將話題模糊一些，然後故意曲解對方的意思，這樣就會讓一個非常複雜的問題，變得簡單化了。

34 學會對方的思考方式

曾經有人給海明威寫了一封諷刺信，信的內容是這樣的：「聽說您的身價是一字一美金，那我現在寄來一美金，請寄個樣品讓我看看。」

海明威收到信後，給對方回了一封信，上面只有一個字——「謝」。

如果對方誤解了你的意思，你可以給對方認眞解釋，也可以故意按照對方的思路思考下去，從而得到預想不到的效果。

那個人給海明威寄去一美金，目的是爲了嘲笑海明威，沒有想到海明威收下了他的錢，還給他寄來了一個字，而這個字正好用在當時的情景中。海明威故意曲解對方的意思，達到了非常好的效果。

35 反面解釋

齊景公特別喜歡鳥，專門派燭鄒給他養鳥，有一天，燭鄒不小心讓鳥飛走了，齊景公非常生氣，揚言要殺死燭鄒。

晏子聽說這件事情後，來見齊景公，然後給他說：「燭鄒總共有三項大罪，我給您數一下，以讓他死得明白。」

然後，齊景公把燭鄒叫來，晏子說：「燭鄒，你的罪過太大了。第一條罪狀是，爲我們的大王管鳥而放走了鳥；第二條是，因爲鳥的原因，讓我們的大王殺了人；第三條是，讓全天下的人都知道，我們的大王會因爲一隻鳥的緣故而殺人，損壞我王的名聲，難道不該死嗎？」

說完這些之後，晏子請求齊景公趕緊殺死他。

齊景公這個時候才明白晏子是在勸他，只不過是用了婉轉一些的方式而已，於是下令放了燭鄒。

晏子故意數落燭鄒的罪狀，其實都是在爲燭鄒開脫，如果硬要去勸說大王，說不定還影響到自己，晏子想到的這個辦法，很好的達到了自己想要的效果。

36 藉助歷史人物

乾隆皇帝有一次問他的大臣紀曉嵐說：「紀昀，你是怎麼理解『忠孝』的？」

紀曉嵐回答說：「君要臣死，臣不得不死，這個就是忠；父要子亡，子不得不亡，這個就是孝了。」

乾隆皇帝突然說：「那我現在就讓你去盡忠，你願意嗎？」

紀曉嵐知道這個又是皇帝給他設置的局，於是他說：「臣領旨。」

皇上笑嘻嘻地說：「那你準備以怎樣的方式來盡忠？」

紀曉嵐靈機一動說：「跳河。」

於是乾隆就讓他去盡忠了，乾隆知道紀曉嵐是不會死的，於是靜等著紀曉嵐的消息。

過了一會兒，紀曉嵐果然回來了，乾隆說：「紀卿為什麼沒有去死呢？」

紀曉嵐這個時候說：「我走到河邊，剛要跳下去，這個時候屈原從水裡邊出來了，他問我：『紀昀，你這樣做是錯的，當年我跳河是楚王昏庸，最後亡國才死的；而你現在正遇到千古明君，你怎麼可以死呢？』所以臣就回來了。」

中國封建社會，皇帝的話是金口御言，一旦說出來，就要照著去做，即便是開玩笑，有時候也會成眞，乾隆逼著紀曉嵐去跳河，如果遇到一個腦筋死板一些的，眞的有可能跳河了，只有紀曉嵐這樣的才子能夠想到屈原，借助屈原的話，保全了自己的性命。

37 將概念偷換

阿凡提有一次陪著國王在河邊散步，國王指著河問道：「阿凡提，你算算這條河的水，大概可以裝多少桶？」

阿凡提看著流動著的河水，說：「如果桶有河這麼大的話，那就能裝一桶水；如果有河的一半的話，那就只能裝兩桶了。」

這裡，國王所說的桶，是一般意義上的桶，而阿凡提所講的桶，是虛擬出來的桶，這樣的回答，巧妙地解決了國王的問題，也不會讓國王生氣。

38 任何事情都可以分為兩個部分

有一次，有人問柏拉圖：「貧窮的國家爲什麼還會有有錢人？」柏拉圖回答說：「你的理解有問題，其實任何國家都分爲兩部分，一部分是窮人的國家；而另一部分則是富人的國家。」

柏拉圖的觀點是，任何城市、任何國家都會有窮人和富人，所以國家也不是一個純粹的國家。由此可見，柏拉圖的幽默功底是多麼了得。

Chapter

第二章

幽默的問答題 — 答非所問

幽默在我們的日常生活和工作中，出現的頻率越來越高了，我們可以透過幽默的方法，拉近和其他人的關係，答非所問就是一種非常好的辦法，這種辦法可以幫助我們，更容易地應對尷尬和難堪，讓事情變得更容易處理。

1 讓時間來解答

一個滿臉惆悵的病人問安提豐說：「人活著到底是爲了什麼？」

安提豐回答得很簡單：「他說，我到現在還沒有弄清楚，所以我要活著，然後把它弄清楚。」

面對病人的問題，安提豐並沒有用最簡單的回答來回答問題，而是換了一種思維方式，這樣鼓勵了對方的心態，讓對方建立了良好的信心。

2 誇讚對方以解自己的圍

在一次聚會上，夏爾．佩里戈爾引坐在斯塔爾夫人和大美人雷卡米埃夫人的中間，他被雷卡米埃夫人的美貌所迷住，兩人也聊得非常投機。

受到冷落的斯塔爾夫人這個時候說道：「夏爾．佩里戈爾引先生，如果我們三個人坐在船上不小心失事了，你會先救誰呢？」

夏爾．佩里戈爾引聽到對方這樣問他，站起來鞠了一躬後說：「夫人，我知道您無所不能，所以您肯定會游泳。」

夏爾．佩里戈爾引本來是處於一個兩難的境地，於是他選擇了恭維對方無所不能，然後適時為自己解了圍，他的這種答非所問的方法，既達到了幽默的效果，同時又沒有得罪兩位夫人中的任何一位。

3 答非所問的方法

休謨曾經有一次參見一個晚宴。

晚宴上，有人在抱怨著這個世界，他認爲這個世界太過於黑暗，人和人有著太多的對立。休謨說：「不是你認爲的這樣的，我以前寫過很多有關於道德的、政治的、經濟的、宗教的題目，這些都會引起鬥爭和敵意，但是我的敵人除了輝格黨人、托利黨人及基督教徒以外，好像沒有其他人了。」

休謨是一個出名的無神論者，在政治方面他有自己的見解，但他並不是悲觀主義者，他不想認爲世界是一團糟糕，他的回答表面上答非所問，實際上很好的駁斥了對方的觀點，而且還帶著幽默的味道。

4 答案並不唯一

康得在一次偶然的機會，看到一位熟人正在向一位婦女告別，他非常好奇，於是他問道：

「那位是你的未婚妻嗎？」

熟人回答道：「是的，難道你對我的選擇感到很驚奇嗎？」

康得笑了笑說：「不，我驚奇的是她的選擇。」

康得的回答很讓人意外，他避開了朋友的話題，而是透過答非所問的方式，開了這個朋友一個善意的玩笑。

5 給出自己的觀點

蘇格拉底和學生談論有關於結婚好與壞的話題。

蘇格拉底對他的學生說：「對此爭論不休的人，無論得到了哪一種答案，最後都是會後悔的。」

婚姻需要建立在雙方的感情基礎上，如果將其認爲是一種功利的行爲，最終肯定會後悔，因此面對這種談論，他一方面不好意思直接拒絕，一方面又要表達自己的意思，所以他選擇了這種方式，在會心一笑中，展現了他的睿智。

6 包含智慧回答問題

愛因斯坦曾經收到過別人的一封信，上面寫著：「請您務必要告訴我，世界末日到底在哪一天。」

愛因斯坦看完信後寫了一封回信，他寫道：「地球存在已經有十億年了，對於你的問題，世界末日是哪一天，我可以給你一個建議：等著瞧吧。」

愛因斯坦在面對對方對世界末日的提問時，沒有直接回答對方的問題，因爲這個是很難做出回答的，所以他乾脆讓對方自己「等著瞧」，愛因斯坦的這種回答，看似荒誕，其實飽含著他的智慧。

7 善加聯想

據說，林肯的腿非常長，因爲這個原因，曾經有人嘲笑他說：「林肯先生，一個人的腿不知道要長到多長啊？」

林肯笑著回答說：「能夠碰到地面就可以了。」

此人本來想就林肯的腿長來開一個玩笑，但沒有想到被林肯很機智地化解了，而且對方的答案讓人感到非常有趣。

8 故意說出自己的尷尬

柯立芝總統在一個傍晚，和幾個朋友在白宮裡散步。

有位朋友指著白宮說：「不知道是誰住在這麼奇怪的房子裡？」

柯立芝總統聽後說：「沒有人住在裡邊，裡邊的人一直是進進出出的。」

白宮是美國總統的官邸，誰是總統，誰就可以住在裡邊，柯立芝作爲總統，自然可以住在裡邊，但是他離任了之後，就需要從裡邊搬出來。他雖然沒有正面回答朋友的問題，但是卻揭示了一個道理，美國的總統都是歷史的過客。

9 換個角度回答問題

彼斯塔洛齊有一次遭遇了一個非常難回答的問題：「從繦褓中，可不可以看出孩子長大後，會成爲一個怎樣的人？」

彼斯塔洛齊聽後，卻很乾脆地回答：「這個很簡單，如果繦褓中的是一個女孩，那以後肯定是一個婦女，如果是男孩的話，長大之後肯定會成爲一個男人。」

問題本來問的是孩子以後的成就和發展，這個問題肯定是無法回答的，但是彼斯塔洛齊故意從孩子的性別出發去回答，得到了幽默的效果。

10 故意錯誤理解對方的意思

美國著名的作家埃內斯特·海明威，在一次宴會上，陷入了對自己小說情節的思考中，坐在他旁邊的富翁卻不斷打斷他的思維，希望可以和他一起來聊天。

富翁問海明威說：「最好的寫作方式到底是什麼呢？」

海明威做出一副無奈的樣子說：「自然是從左到右的寫作方式了。」

富翁其實問的是寫作的方式，而海明威故意從寫作的格式上來給對方做出解釋。

11 用側面回答的方法

有人問邱吉爾說：「做一個成功的政治家，需要哪些條件？」

邱吉爾回答說：「政治家要能夠預料明天、下個月以及未來很久要發生的一些事情。」

那個人非常焦急的說：「假如預言的事情沒有實現的話，那該怎麼辦呢？」

邱吉爾回答說：「那就需要編造一個理由出來。」

邱吉爾一直都沒有正面回答對方的問題，但這種回答，恰恰揭示了政治家們的騙術。

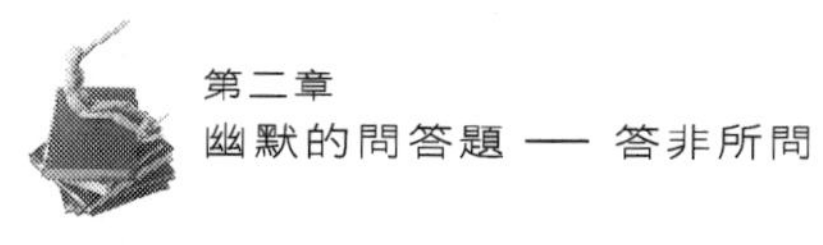

12 用外行的方法對付門外漢

法拉第對知識非常渴望，爲了能夠得到科學研究的成果，他會百折不撓，這往往使得那些急功近利的人想不明白。

稅務官格拉道斯，有一次看到法拉第準備做一個在他眼裡意義並不是很大的實驗時，說：「花這麼大的力氣，就爲了這樣一個實驗，有什麼意義呢？」

法拉第回答道：「當然有用了，不久之後你就可以來收稅了。」

稅務官格拉道斯認爲法拉第做的實驗沒有科學意義，但是對於對方這位門外漢，法拉第很難解釋清楚，於是他就選擇了這個方式來回答對方，顯得妙趣橫生。

13 舉幾個事例作比較

邱吉爾有一次遭到別人的提問：「餐後演講已經是很困難的事情了，那麼，請問還有比這個更困難的事情嗎？」

邱吉爾回答道：「還有兩件，一個是去爬倒向你這邊的牆、一個是吻倒向另一邊的女孩。」

人在吃完飯後都昏昏欲睡，如果不是演講內容非常有意思的話，是不會引起別人的注意的，當邱吉爾遭到這個提問的時候，他舉出兩個在生活中很難發生的事情來回答對方，充分顯示了邱吉爾的智慧。

有一次，有人問杜魯門：「聽說你的父親是一個失敗者？」

杜魯門聽完之後，笑笑說：「我父親雖然是一個失敗者，但是他畢竟是美國總統的父親。」

杜魯門否定了對方的說法，但是他沒有去列舉別人不知道的他的父親成功的例子，而是把自己的父親和自己聯繫了起來，表明自己取得的成功，很大程度上歸功於自己的父親。

15 糾纏於字面意思

記者在採訪埃梅的時候說：「我認爲現代社會對人類的自由發展有阻礙作用，您怎麼看？」

埃梅說：「哦？我不怎麼認同你的觀點，最起碼我是完全自由的。」

記者又說：「但是，您沒有注意到您的自由是受著一定的限制嗎？」

埃梅笑著說：「你說的也對，我現在發現我很大程度上受制於詞典。」

記者其實在講著人身自由方面的理論，而埃梅卻把話題轉到了詞句使用方面，這既對記者的觀點進行了駁斥，同時也突出了自己的文字工作者的身份，還獲得了意想不到的幽默效果。

16 學會用擬人手法

艾森豪擔任第二次世界大戰歐洲戰場盟軍總司令時，有一次他去視察一支在亞琛附近陷入困境的軍隊，當他到來的時候，得到了士兵們熱烈的歡迎，但是沒有想到的是，他在演講完走下臺的時候摔進了泥漿裡。引來了大家的哄笑。

艾森豪對此並沒有生氣，只是和他們一起笑了起來，然後告訴他們說：「剛才泥漿告訴我，我對你們的慰問是非常成功的。」

艾森豪雖然摔到了泥漿裡，但是他急中生智，把泥漿擬人化，藉助泥漿的話，然後擺脫自己所處的尷尬境地。

17 簡單理解對方的問題

亨利．克萊是個很優秀的演講師，他的演講總是充滿著感染力，這也使得他贏得了議院中很多人的贊同，同時也使得同時代很多演說家起了仇恨之心。

曾經就有一位先生，總是貶低亨利．克萊的演講才能，並且說：「你的演講缺乏生命力，雖然眼前看起來很有感染力，但實際上對後世子孫沒有任何影響力。」

亨利．克萊笑了笑說：「那麼，您是要等到下一代成爲聽眾的時候，才開始演講嗎？」

對方嘴裡的生命力，其實是在指影響力，但是亨利．克萊故意理解成純粹意義上的時間，然後質疑對方，是不是「要等到下一代成爲聽眾的時候再演講」。這不僅反駁了對方，而且充滿了幽默的效果。

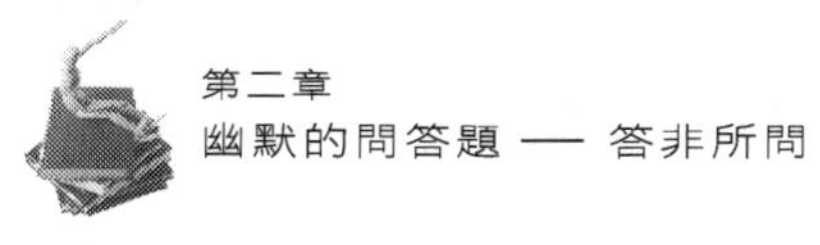

18 時刻保持清醒的大腦

林肯參加了競選總統的辯論會，對方很有激情地說：「我們做事情，需要誠實還需要勤奮，只有這樣做，以後才會有好的結果，才會去天堂，有人要去天堂嗎？要去的人請舉手。」全場的所有的聽眾都舉起了手來，只有林肯一個人沒有反應。對手這個時候很得意，他說：「林肯先生，您不想去天堂，那您要去什麼地方啊？」林肯卻很平靜地說：「我要去國會。」

對手使用的只不過是文字遊戲，而林肯並不爲之所動，保持自己清醒的頭腦，林肯的機智和幽默，告訴了選民他的目的就是要去國會，同時使整個氣氛變得非常活躍。

19 身高避尷尬

有一次，林肯總統在白宮會見其他國家的元首，對方個子非常高，林肯也是一個個子很高的人，兩個人站在一起，就像兩根炮管一樣，這個場景讓林肯感覺到非常好笑。

於是林肯說：「想不到您的個子也這麼高，我想知道你做總統感覺怎麼樣？」

「您說呢？」對方一時沒有領會到林肯的意思。

林肯很幽默的說：「我感覺每天像吃了火藥一樣，總想著放炮。」

對方的意思，是在問林肯感覺做總統怎麼樣，而林肯卻把話題轉到了兩個人的個子很高，就像炮筒一樣，所以他總想著放炮。林肯的回答眞的是讓人回味無窮。

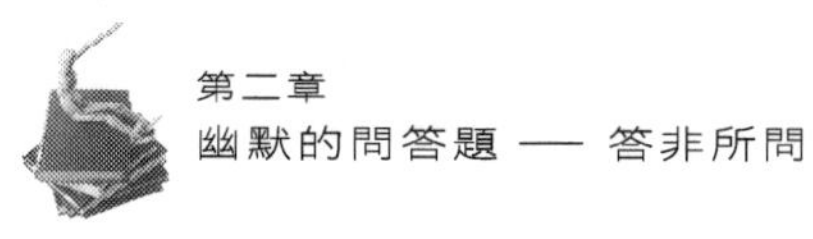

20 避開細節問題

悉尼・韋布在當代的重大問題上，總會和自己的夫人意見保持一致，有一次，有位記者就這件事情向他詢問原因。

悉尼・韋布是這樣回答的，他說：「我們在結婚的時候一起商量好了，在重大問題上要保持一致。」

比阿特里，也就是悉尼・韋布的夫人在一旁補充說：「悉尼・韋布決定我們的投票，我則負責確認什麼是重大問題。」

悉尼・韋布在回答對方的詢問的時候，沒有糾結到問題的本身，而是轉換到了如何做到一致，並且避開了具體的事情，只是說他和太太在婚前就已商量好，這樣既避免了記者的糾纏，同時也透過生活的趣味，換來了氣氛的活躍。

21 中斷對方的問題

在內戰的前幾天，西沃曾參加了一個民眾的集會，人們都在猜測最近軍隊的秘密調動，到底是怎麼回事。西沃對此沉默不語。

此時有一位婦女注意到沒有說話的西沃，於是她帶有挑戰的語氣問道：「州長先生，您是怎麼看這個問題的，您能猜測出軍隊開往的目的地嗎？」

西沃說：「夫人，我假如不知道內情的話，我就會告訴你我的猜測。」

西沃作爲州長，肯定知道軍隊的調動，但是他需要保守秘密，他在這樣的一個民眾集會上，並沒有順著那位婦女的詢問而聊下去，而是選擇了一種聰明的方式，迴避這個問題。

22 反問對方

人們在沒有見識到電燈、電話等發明的作用的時候，都在猜測著電的用處和好處。

法拉第有一次在做一個關於電的演講，這個時候有一位貴婦模樣的人問道：「教授，您講得很好，可是這些東西到底有什麼實際用處呢？」

法拉第詼諧地說：「您能夠預測剛生下來的孩子，以後有什麼出息嗎？」

電的好處，放在現代，即便是孩子，都可以答出它的好處，但是在那個年代是無法說得清楚的，面對這位貴婦人的提問，法拉第只能選擇更為幽默的方式，才能夠達到對自己有利的效果。

23 透過側面解釋自己的重要性

有人問柯立芝說：「你在上大學的時候，都會在運動會上參加什麼項目？」

柯立芝卻很自豪地說：「我的項目是頒獎。」

提問人很顯然問的是運動項目，但是柯立芝卻故意曲解成了活動項目，他的這種回答，會讓對方明白他的身份，同時也使得氣氛變得活躍，如果正面回答他自己是官員的話，那也就顯得太過於枯燥了。

24 動物的作用

一八六三年，伊凡．謝切諾夫發表了關於《蛙腦對脊髓神經的抑制》等論文，與此同時，他又出版了《腦的反射》一書，爲神經生物學的發展，做出了巨大的貢獻。

可是，沙俄政府在不久之後逮捕了伊凡．謝切諾夫，在審訊的時候，法官告訴伊凡．謝切諾夫說：「你可以爲自己找一個辯護律師。」

伊凡．謝切諾夫表現地非常平靜，他說：「那就讓青蛙來爲我辯護吧。」

法官的意思，肯定是讓伊凡．謝切諾夫找一個人來爲他辯護，但是伊凡．謝切諾夫卻說是找青蛙，因爲他在研究一系列蛙腦方面的科學問題，科學是沒有罪的，他們這樣做，在伊凡．謝切諾夫眼裡本來就是荒誕的，所以他故意這樣說，在幽默的同時發人深思。

25 把自己的成功歸功於別人

美國總統甘迺迪，有一次接受一個朋友的詢問：「『二戰』中，你是如何成為英雄的？」甘迺迪非常幽默地說：「這件事情由不得我，主要是日本人炸沉了我的船。」

對於朋友的提問，甘迺迪顯然沒有正面回答，但是熟悉「二戰」歷史的人都知道，美國在最初的時候並沒有參戰，只是因為後來的珍珠港事件，才讓美國捲了進來，同時之後也讓甘迺迪成為了「二戰」英雄，雖然甘迺迪沒有明說，實際上是展現了自己是打了一場正義的戰爭。

26 找到問題背後的問題

有兩個年輕人，有一次談論到了總統的薪水問題。

其中一個說：「總統的薪水和歌星一樣多。」

「眞的嗎？太不公平了，總統可是不會唱歌的。」另一個說。

這個時候，甘迺迪路過，剛好聽到他們的對話，然後他說：「總統的薪水高，是因爲罵出來的，一旦有了任何問題，大家都會罵總統，所以總統的薪水就高了起來。」

三個人的對話，顯然不能夠說明總統薪水的實際問題，但是甘迺迪在談話中，展現出總統的任務重、責任重，所以享受著較高一點的工資，讓對方在幽默中領悟總統的工作意義重大。

27 一語雙關的作用

一九七二年，美國前總統尼克森訪華，第二天的時候，毛澤東和尼克森一起去登長城，尼克森因爲腿腳有病，走了一會兒就吃不消了，當時有記者問他說：「總統先生，您爲什麼不登上最高處呢？」

尼克森說：「昨天我和毛澤東的會見已經是最高處了，又何必再來一次最高呢？」

記者的問話是一語雙關，而尼克森也在回答中體現了他的聰明才智，尼克森的確是一個口才很棒的總統。

28 故意隱藏自己的優勢

有一位資格很老的記者，向美國前總統雷根提出問題：「總統先生，您現在是歷史上年齡最大的總統了，您的一些幕僚說，您在最近參加了競選之後，感覺到非常厭倦。我現在想知道，您現在有足夠的精力來履行您的職責嗎？」

雷根聽過這個刁難的問題後說：「我當時說我很厭倦，只是想讓人們知道，我不希望用我的年齡作為一種資本，從而攻擊那些對手的年輕和經驗缺乏。」

雷根沒有直接反駁對方的觀點，而是抓住了自己年老的對立面——年輕，因為年輕必然經驗不足，在簡單的問答中，雷根很快將自己的缺點變成了優點，而把對方的優點變成了缺點。

29 反唇相譏

阿凡提的坐騎是一頭小毛驢，有一天他們路過一個小村莊，一個農夫對他說：「在我們這裡休息一下，明天再走吧。」

阿凡提發現周圍沒有人，於是跟對方說：「謝謝了，不用了。」

農夫笑嘻嘻地說：「對不起，我是在和驢子說話，不是在和你說話。」

阿凡提裝做很生氣，他轉過身給驢子一個巴掌後說：「在村口的時候我就問你，你在這個村莊有沒有親戚，你說沒有，現在怎麼會有人請你吃飯。」

說完之後，阿凡提又給了驢子一個巴掌，說：「看你這個畜生以後再敢戲弄人。」

農夫在戲謔阿凡提，阿凡提則故意將毛驢當成農夫的親戚，然後藉著毛驢來罵農夫。這樣既教訓了農夫，又讓農夫無法說話。假如阿凡提直接和農夫吵架的話，很有可能引發兩人的「戰爭」，他所採取的這種方法，很好的避免了一場爭鬥。

30 歪打正著的方法

有一天上課的時候，語文老師問學生說：「同學們在課堂上說得最多的三個字，是哪三個字？」

老師看了看下面的學生，然後說：「張娟，你來回答。」

張娟站起來，想了一會說：「不知道。」

老師說：「完全正確。」

張娟的回答其實是歪打正著，其實她是眞的不知道答案，但是沒有想到答案就是「不知道」，這種狀況反而是帶來了喜劇的效果。

Chapter

第三章

響鼓不用重捶，幽默只需輕點

幽默的應用不是刻意爲之的，其實有時候一些看似很簡單的舉動，卻能讓別人哈哈大笑，而且在笑聲中，讓別人明白你的意思，化解人們之間的尷尬，拉近雙方的距離，這方面的事例舉不勝舉，很多名人都有這樣的經典實例，供我們學習和借鑒。

1 暗示對方

蕭伯納將自己的一部作品送給了朋友，不久之後，他就在舊書攤上看到了這本書，上面還有自己的題字，他心裡很不是滋味，但是他沒有發作出來，而是買下了這本書，重新題字後，又一次送給了先前那位朋友。

朋友收到書後，看到扉頁上寫著：「蕭伯納再贈。」

蕭伯納的這個「再贈」寓意深刻，他暗示了朋友的行爲和不禮貌，但是也顯示了自己的涵養和幽默。

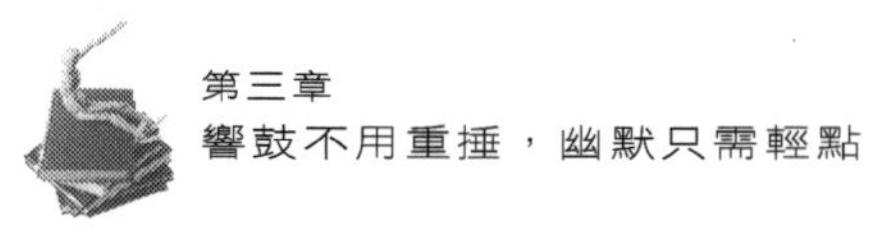

2 透過側面告訴對方的問題

曾經有一位年輕人，請教蘇格拉底怎麼演講，爲了能夠表現自己，這個年輕人滔滔不絕，講了很多話。

蘇格拉底聽完之後，說：「我可以考慮你來做學生，但是你必須付兩份學費。」

年輕人說：「爲什麼要加倍呢？」

蘇格拉底說：「因爲我需要給你上兩門課，一個是如何演講，一個是如何閉嘴。」

年輕人的滔滔不絕，是善於辯論的表現，蘇格拉底所說的閉嘴，其實也是一種辯論的方式，只有兩者兼具，才能夠很好的辯論，當然，蘇格拉底並不會多收這個年輕人的學費，他只是在告訴對方閉嘴很重要。

3 從兩方面找問題的解決辦法

有一天，一個婦女氣沖沖地走進了一家食品商店，向營業員說：「我讓我兒子在你們在這裡秤的果醬怎麼少了？」

營業員先是一愣，在知道事情之後，就很禮貌地說：「請回家秤一下您家的孩子，看他有沒有變重。」

這位婦女才明白過來，臉上的怒氣全然沒有了，然後非常誠懇地說：「對不起，是我誤會你們了。」

營業員知道自己的秤沒有錯，那肯定就是婦女的孩子在回家的路上偷吃了，於是他巧妙回答了婦女，化解了一場糾紛，消除了顧客的努力，也維護了店面的尊嚴。

4 將對方變成兩個人

布魯諾．瓦爾特在「二戰」後來到了美國，他也是首次指揮紐約的交響樂團，在指揮的過程中，他發現大提琴手沃倫斯坦不管是彩排還是正式演出的時候，都故意不聽他的指揮。

於是布魯諾．瓦爾特找到沃倫斯坦，給他說：「沃倫斯坦先生，看得出來您是一個有著遠大志向的人，那麼您的志向是什麼呢？」

沃倫斯坦充滿信心地回答道：「成爲一名指揮家。」

布魯諾．瓦爾特笑著說：「那麼，當您成爲一個樂團的指揮的時候，我希望您永遠不要讓沃倫斯坦在您面前演奏。」

布魯諾．瓦爾特的這些話中，很明顯把沃倫斯坦分成了兩個人，一個是指揮家沃倫斯坦，一個是大提琴手沃倫斯坦，前者是一個非凡的指揮家，擁有良好的音樂才能；而後者則是一個擁有天賦和能力的、不聽指揮的大提琴手。

5 讓無法評價的人去評價

有一個人，他畫了很多糟糕的畫，但是他還想流傳千古，於是他在自己臨死之時，想把所有畫送給了一個團體，爲此，他請教自己的律師，「我應該把畫留給哪個團體？」

律師回答說：「最好是送給盲人院。」

對於對方的問題，律師並沒有去評論對方的畫很糟糕，然後勸解對方，而是幽默的讓對方把畫捐給盲人院，這樣，用更爲有趣的方式告訴了對方，他的畫該有多難看。

6 用名人說話

邱吉爾的女婿是個雜技演員，對此，邱吉爾很不滿意。有一天，這位女婿問他說：「在第二次世界大戰中，您最佩服誰？」

邱吉爾回答說：「墨索里尼。」

女婿對丈人這個問題很不解，於是又問道：「爲什麼啊？」

邱吉爾說：「他有勇氣斃了自己的女婿，而我沒有。」

邱吉爾藉助法西斯頭子殺女婿的行爲，暗示自己並不喜歡自己的女婿，充滿了幽默的效果。

7 帶有戲謔的認真回答

李諧出使梁國的時候，梁武帝陪同他到全國各地遊覽，來到了放生的地方。

梁武帝想要挖苦一下李諧，於是說：「你們國家也要放生嗎？」

李諧則認眞地說：「不抓，但是也不放。」

梁武帝信仰的是佛教，自然要藉助放生來給自己積累功德，但是李諧說他們不抓也不放，既沒有給對方把柄，同時也讓當時的氣氛不至於太過於尷尬。

8 雙重意思

一七九七年夏天，一個平常的下午，法國革命家康斯坦丁・沃爾涅拜訪了美國總統喬治・華盛頓。康斯坦丁・沃爾涅希望總統給他開一張介紹信，允許他到美國各地進行旅遊。

華盛頓對此很爲難，如果不開，則傷害了康斯坦丁・沃爾涅的尊嚴；如果開了，則有些濫用職權的嫌疑，於是他提筆寫了：「康斯坦丁・沃爾涅不需要喬・華盛頓的介紹信。」

華盛頓的這句話，其實有兩層意思，透過這兩層意思，既解了當時的尷尬，同時又沒有濫用職權，同時還恭維了對方，實在是不錯的方法。

9 自己的缺點其實是別人的成績

沙葉新是一個大胖子，有些人經常因爲這件事情來嘲笑他，有一次有人問他說：「你是怎麼長這麼胖的？」

沙葉新歎了一口氣說：「一年三百六十五天，每一天我都要吃三頓飯，都是因爲我妻子的精心餵養，我在結婚前的重量是一百零五斤，如今重達一百五十多斤，這些可都是我妻子餵養出來的啊。」

沙葉新面對別人的嘲笑，並沒有悲觀，而是將自己的體重推說是妻子的成績，著實充滿幽默的色彩。

10 給對方委婉的暗示

林肯剛穿過作戰大樓的走廊，就碰到了一個急匆匆的軍官，由於慣性的作用，軍官撞到了林肯的身上。

當軍官看到自己撞的是總統的時候，他趕緊道歉說：「一萬個道歉。」

林肯說：「一個就足夠了。」

林肯又想到對方急慌慌的樣子，於是說：「但願我軍的行進速度能有這麼快。」

林肯的兩句話，體現了平易近人的行爲和作風，他在寬容了將軍的行爲之後，不免拿他開一句玩笑，當然林肯所指的迅速，不是走路撞人這種無意義的小事情了。

11 將時間延伸到未來

比利可以說是最偉大的足球明星之一，他的球技令千萬人爲之陶醉，就算是對手，都會對他讚賞有加。

當比利創造了進一千個球的記錄時，有人採訪他說：「你認爲你的哪一個進球踢得最好？」

比利意味深長的說：「下一個。」

比利作爲世界球王，對於自己的成績永遠不滿足，他的目標就是下一個，透過這種方式他告訴大家自己不斷努力，永不停止的志向。

12 用自己和對方進行比較

有一次，一個初出茅廬的青年作家，帶著自己的電影腳本來拜訪卓別林，他給卓別林說：「請您指教一下我的腳本吧。」

卓別林接過來後，仔細翻閱了電影腳本，搖搖頭說：「等你和我一樣出名的時候，你才能夠寫這樣的東西，現在，你必須寫得更好才行。」

卓別林的言外之意，就是對方的腳本雖然已經寫得不錯了，但還需要繼續提高，要不然是沒有人會啓用他的腳本的。

13 用自己的身份開玩笑

海曼在沒有出名的時候，和一個白人談過戀愛，但是兩人最終因爲種族問題而分手。

海曼成名之後，對方找到她說：「親愛的，我們還可以回到過去嗎？」

海曼看到對方可笑的樣子，於是說：「不知道你是在愛我的名聲，還是我的本人。如果愛的是我的名氣，那你還是買票去看球吧。」

海曼和前任男朋友分手的原因，就是膚色和種族的問題，現在海曼的膚色和種族都沒有發生變化，顯然對方是衝著她的名聲和金錢來的，於是海曼就直接將他們的關係，確定在了球星和觀眾的關係上。

14 說出不可能完成的事

馮驥才在美國佛拉斯達夫的一家飯店裡面吃飯。

服務員是一個暑期打工的大學生，她微笑著給馮驥才說：「我們飯店無所不能，只要你能想到的，我們都可以做到。」

馮驥才想了想，說：「那給我來一份冰雹燴鑰匙吧，鑰匙燒得嫩一點。」

面對對方誇下的海口，馮驥才沒有去理論對方話的眞實性，而是透過特殊的菜肴來難住對方，一方面讓雙方都啞然失笑，一方面也是告誡對方不可浮誇。

15 巧妙利用別人的不禮貌

亨利．克萊對於奴隸問題的觀點上有了一些變化，於是在他的演講中，幾個奴隸主想要用噓聲嚇唬他。

亨利．克萊對著聽眾大聲說道：「朋友們，你們聽到這些聲音了嗎？這就是真理的甘露灑在地獄火焰上的聲音。」

亨利．克萊將奴隸主們的噓聲做了一個比喻，藉助這個比喻告訴人們，奴隸的身份必然得到改變。

16 虛虛實實

莎士比亞在一次演出的時候，扮演國王的角色，英國女王伊莉莎白來觀看了這次演出，他為了試探一下，可不可以分散莎士比亞的注意力，於是隨手扔下了一塊手帕。

手帕慢悠悠地飄到了國王的腳下，莎士比亞看到之後，不動聲色地給身邊的大臣說：「把我姐姐的手帕撿起來吧。」

莎士比亞的話，立刻贏來了全場的掌聲。

莎士比亞巧妙地將現實生活中的人和劇中人進行結合，達到了幽默的效果。

17 特定場合的聲音

阿凡提有一次做客到朋友家，主人是一位音樂愛好者，當阿凡提到那兒的時候，主人就拿出了很多樂器，一個一個演奏給阿凡提聽。

中午早已過了，阿凡提已經很餓了，但是那位朋友還在沒完沒了地撥弄樂器，而且還在說：「阿凡提，你認爲哪個樂器的聲音最好聽，小提琴還是長笛？」

阿凡提非常憂愁的說：「朋友啊，我認爲這個世界上最好聽的聲音，是飯勺刮鍋的聲音。」

朋友沉浸在樂器演奏的快樂中，居然忘記了吃飯，阿凡提就只能提醒朋友了，飯勺刮鍋的聲音，當然和任何樂器發出的聲音都不能相比，但是在這個時候，也只有這種聲音對於阿凡提來說最好聽了。

18 地點轉化法

比弗布魯克男爵是英國著名的政治家，有一次他在報紙上攻擊愛德華．希恩，但是沒有幾天，他們就在「倫敦俱樂部」的廁所裡相遇。

比弗布魯克有點不好意思，於是他主動和愛德華．希思說話：「哦，親愛的年輕人，我想事情已經過去了，那些都是我的錯誤，我要向你道歉。」

愛德華．希思卻說：「不過，我下一次希望你在廁所裡攻擊我，然後在報紙上向我道歉。」

對於比弗布魯克的攻擊，愛德華．希思展現了紳士般的寬容，面對對方的道歉，愛德華．希思提示對方，下一次可以換一換攻擊和道歉的地方，同時也是在暗示對方，不要再做無聊的攻擊了。

19 將事情的先後進行調換

一位年輕的畫家，準備和朋友合租一套房子，在找到房子後，他對朋友說：「我打算粉刷好房子之後，然後在上面畫幾幅畫。」

朋友對這位畫家的水準很清楚，於是他很善意地暗示道：「我看你還是先畫，然後我們再粉刷吧。」

朋友對於畫家的要求，並沒有正面拒絕，而是給出了自己的建議，其實是在間接拒絕對方。

20 大膽聯想後果

在一次游泳課的時候，老師給學生們說：「今天誰要是不下水，我就要從點名本上劃去他的名字。」

一個學生非常憂愁地說：「只怕我下水後，我家的戶口名簿上會把我的名字劃去。」

學生針對下水後的後果回答，從而拒絕了老師的要求，雖然他的這種行爲並不值得表揚，但是他的回答卻讓人忍俊不禁。

21 委婉的反問

在一家非常高檔的餐館裡，一個客人坐在餐桌前，脖子上繫著餐巾，服務員認為他的這種行為非常不得體，於是他過去說：「先生，您是要刮鬍子，還是理髮呢？」

那位顧客先是一愣，然後就明白了服務員的意思，於是取下了餐巾。

服務員用委婉的方式，表達了自己的真實意圖，讓對方自己領悟問題的所在，從而不至於讓場面尷尬。

22 次數上找到理由

伏爾泰曾經參加過一個令人不齒的團夥舉辦的狂歡，為了能夠原諒自己，他要給自己找一個理由，第二天晚上，他們又邀請伏爾泰的時候，他拒絕了。

邀請他的人感到很驚訝，就問道：「昨天晚上你還去了呢，為什麼今天晚上就不去了？」

伏爾泰說：「夥計，去一次，是哲學家的表現；而去兩次以上，就要和你們同流合污了。」

伏爾泰拒絕了對方的宴請，拒絕的理由也是很幽默。

23 諧音的妙用

在一次紀念老舍先生的會上，人們建議侯寶林、謝添和杜澎三位一同表演傳統相聲《扒馬褂》，並邀請馬三立做導演。

杜澎聽後，並不滿意。

人們很驚訝，爭相問他原因，他說：「我們三個人在一起演出肯定演不好。」

人們更是驚訝。

接著杜澎說：「侯寶林、謝添、杜澎三人在一起，豈不是猴瀉肚（侯、謝、杜）了嗎，這怎麼可能演好呢？」

侯寶林、謝添、杜澎三個人的姓放在一起，的確是猴瀉肚，這個地方杜澎借助諧音的方法，表示他們三個人在一起的尷尬境地，讓整個場面變得非常輕鬆。

24 以牙還牙

蕭邦受到一個交情一般的朋友的宴請，去參加一個晚餐。令蕭邦非常生氣的是，剛吃過晚飯，女主人就催促他給大家演奏。

蕭邦對主人的態度非常不滿，但是還是坐在了主人家鋼琴的前邊，當他演奏一首曲子到高潮部分的時候，突然停住了。

女主人非常驚訝，她問道：「你怎麼停住了？就這樣結束了嗎？」

蕭邦回答道：「夫人，我只演奏了晚餐的部分。」

對待這位斤斤計較的朋友，蕭邦也小氣了一回，只演奏了半首曲子，因爲這足以償付晚餐了。

25 讓對方做完全做不到的事情

劇作家喬治．考夫曼經常臥病在床，所以他只能藉助收音機來解悶，有一天，電臺的點播節目中，只放了被點播曲目的一小節就停止了，於是他也拿起電話打給了點播台。

電話接通後，喬治．考夫曼先告訴對方自己是喬治．考夫曼，當對方聽說是著名劇作家，也在收聽他們的節目的時候，非常開心，於是問道：「喬治．考夫曼先生，您想點播什麼，我們會馬上安排的。」

喬治．考夫曼說：「那我就點播五分鐘的沉默吧。」

沉默肯定是不能點播的，喬治．考夫曼這樣做，肯定也會讓對方莫名其妙，其實，他們只要想一下剛才突然中斷的樂曲，自然就明白了，喬治．考夫曼暗示對方，在達到幽默效果的同時，避免了和對方爭吵。

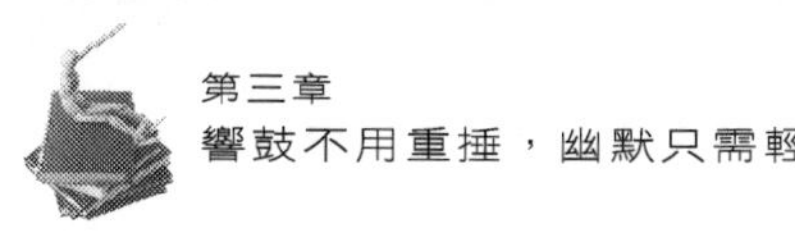

26 多方比較說服對方

約瑟夫二世準備將皇家公園對公眾開放，一些貴族聽到這個消息後，都非常驚慌，他們跑來說：「如果普通百姓可以進入皇家公園的話，那麼，我們這些貴族都要去什麼地方散步呢？」

約瑟夫二世說：「按照你的這個思維方式，那我只能到托缽僧的地窟（專門埋葬帝王的地方）裡去散步啦？」

約瑟夫二世表面上是同意了對方的話，而實際上透過自己的境遇來告訴對方，貴族和普通百姓之間，不應該有等級區分，貴族完全可以和普通百姓一起散步，就像國王可以和貴族在一起散步一樣。

27 協力廠商的人做評價

華盛頓在邀請別人參加正式的宴請時，非常希望對方能夠準時參加，有一次，一位議員因爲各種原因遲到了。

當他到的時候，他發現所有的人都已經開始用餐了，於是他很不好意思地說：「大家都已經開始了？」

華盛頓驚愕地說：「居然有客人現在才來，一般，我的宴請大家都是準時來的，所以我的廚師只問時間到了嗎，從來不會問人到齊了嗎。」

華盛頓藉助廚師的口，委婉批評了這位議員，讓整個場面不至於太過於尷尬。

28 透過打比方的方式揭示道理

羅德納．諾克斯與科學家霍爾丹在討論神學方面的問題。

霍爾丹感慨說：「宇宙之間有無數的小行星，難道就沒有一顆上面有生命的星球嗎？」

羅德納．諾克斯聽了之後，打了一比方，說：「如果倫敦的員警在你們家的大衣櫃裡，發現了一具死屍，你會對他們說，『世界上有這麼多的大衣櫃，難道就不能有一個裡面有一具屍體嗎？』我猜員警對你的話並不感興趣，因爲他們還要調查和研究一下，屍體是怎麼來的，以及是誰殺的。」

羅德納．諾克斯針對對方的感慨，沒有給出正面的回答，而是藉助小故事的力量表明自己的觀點，在沒有任何證據的情況下，只能去做、去調查，憑空想像和感慨是沒有任何作用的。他將道理包含在了生活小事中，容易讓人們聽懂。

Chapter

第四章

借題、離題，幽默才是主題

在我們的日常交際中，能夠應用幽默的元素去處理事情，會讓事情更容易得到解決，有關於這樣的事例太多，而且也成爲了人們的共識，已經無需證明了。很多場合下，我們可以利用借題發揮的方法，然後讓自己的幽默達到極致，發揮更好的效果。

1 故作鎮定，回答對方的問題

柯立芝向來不喜歡和陌生人進行交談，但是在一次宴會上，有一位婦女坐在他的旁邊，她很想和柯立芝聊天。

面對保持一副冷面孔的柯立芝，那位婦女說：「柯立芝先生，我和別人打了賭，我可以從您的口中，引出三個以上的字來。」

沒想到柯立芝說話了，他說：「你輸了。」

如果柯立芝直接不和這位婦女說話，那顯得有些不禮貌，於是柯立芝想了這個辦法，故意這樣說，充滿著幽默的感覺。

2 善於利用對方的語言

赫拉克利特在接受別人的訪問的時候，對方問他：「你認爲身體健康有多麼重要？」赫拉克利特說：「如果健康不夠的話，那麼智慧無法體現，文化也無法施展，力量也無從展現，知識更是沒有辦法利用了。」

赫拉克利特從對方的話題中展開話題，回答具有說服力和幽默感。

3 和對方進行比較

歐里庇得斯曾經對一個詩人說：「我寫三句詩，需要花上三天的時間。」

那位詩人說：「居然要那麼長的時間，這些都夠我寫一百句詩了。」

歐里庇得斯接著說：「這一點我承認，但是它們可只會有三天的生命力。」

三天寫一百句詩的詩人，絕對是高產的詩人，歐里庇得斯以內行人的眼光來看，認爲對方的一百句詩，其實是粗製濫造之作，缺乏生命力和影響力。

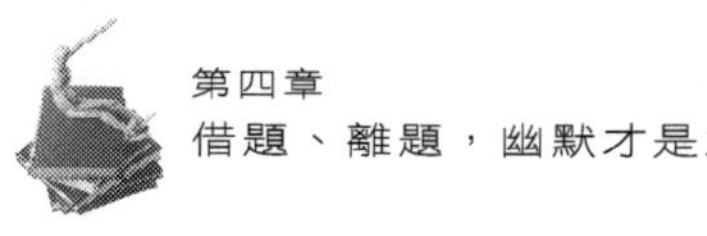

4 從缺點中找出優點來

蘇格拉底的妻子做人有些小氣，而且喜歡嘮叨，脾氣也很大，這些經常讓蘇格拉底陷入窘困中。

這讓很多人不解，有一天一個年輕人問蘇格拉底說：「您為什麼要和這樣的一位女人生活在一起？」

蘇格拉底笑著說：「那些擅長馬術的人，都希望挑選一匹烈馬，因為騎慣了烈馬，其他的馬也就沒有問題了，我也是一樣，如果能夠和她相處的話，那和世界上任何人相處都沒有問題了。」

蘇格拉底藉助一個比喻，解釋了自己和妻子生活在一起的原因，當然這只是一個玩笑，他只是藉此告訴人們，他是一個非常好相處的人，他同時也是一個善於處理人際關係的人。

5 換個角度考慮問題

孔融小時候，有一次在李大人家玩耍，這個時候，陳大人來拜訪李大人，李大人指著孔融給大家說：「這個孩子是個天才兒童。」

陳大人看了一眼孔融後，很不屑地說：「現在很聰明，長大了說不定就沒有一點聰明了。」

孔融看到陳大人並不很贊同他是天才，於是他說：「以您的觀點，您小時候應該很聰明了。」

陳大人聽到這句話後，再也不敢小瞧孔融了，他說：「果然是不簡單的孩子，長大以後希望你能夠成爲一個了不起的人物。」

假如孔融去駁斥對方的話，那樣顯得非常乏味，而且顯然有些挑釁的嫌疑，聰明的孔融換了一個角度來處理問題，其實在諷刺對方現在很笨，不僅達到了反駁的目的，而且還產生了幽默的效果。

6 將高深的問題引到生活中

有一次，有人問克拉克說：「你現在所接受的所有勸告中，哪個是最爲有益的？」

「我認爲是那句，『和這個姑娘結婚吧』。」克拉克對對方說。

那個人又問道：「是誰給您這樣的勸告的呢？」

克拉克笑著說：「就是姑娘自己。」

那個人的提問，其實是針對爲人處世以及工作方面的，但是克拉克故意將問題引到了個人生活方面，透過出乎意料的方法達到幽默感。

7 面對傲慢要不卑不亢

美國總統希歐多爾・羅斯福在離任之後，曾經作爲威廉・塔夫脫總統的特使，參加英國國王愛德華七世的葬禮，並且在這次葬禮之後，還會見了德國皇帝。

德國皇帝對羅斯福很傲慢，他對羅斯福說：「兩點鐘來我這裡吧，我只能給你四十五分鐘的時間。」

羅斯福說：「會的，我會在兩點鐘的時候來的，但是我只能給您二十分鐘的時間。」

羅斯福面對對方的傲慢，顯得不卑不亢，這樣就打壓了德國皇帝的氣焰，同時讓其他人感覺到了幽默的意味。

8 用自己和對方比較

安妮．斯塔爾夫人參見了一個由政治家舉辦的宴會，當時她和漂亮的雷卡米埃夫人，正好坐在一個紈綺子弟的兩旁。

那位紈綺子弟當晚很興奮，他說：「我現在正處於智慧和美貌之間。」

斯塔爾夫人說：「是的，但是你卻沒有。」

斯塔爾夫人的話，既承接了紈綺子弟的話，同時也告誡了對方，智慧和美貌，他什麼也沒有。

9 側面展示自己的能力

羅斯福在白宮接受了一位朋友的拜訪，當時他的小女兒愛麗絲也在場，而且在辦公室裡時常打斷大人們的談話。

朋友見到如此場景，給羅斯福說：「您可以管理一個美國，但卻管不住愛麗絲。」

羅斯福歎氣著說：「這兩件事情我只能做好一件，要麼做個好總統，要麼管理好愛麗絲，顯然我選擇了前者。」

面對朋友的責難，羅斯福並沒有直接回答對方，也沒有去大聲呵斥愛麗絲，而是透過側面說明，不僅展現了自己是個好總統，而且還具有幽默效果。

10 透過聯想來解釋夢

有人曾經問殷浩說：「為什麼夢見棺材是要升官的徵兆，夢見糞便是得到財寶的徵兆？」殷浩聽對方說完後說：「官職爵位本來就是帶有惡臭的，所以用棺材和死屍作為徵兆；錢財本來就很骯髒，所以借糞便來暗指。」

殷浩並沒有透過一般的方式去解釋這個想像，而是藉助物體所引發的聯想來回答問題，同時還用到了幾個妙喻，讓整個回答妙趣橫生。

11 借題發揮擊退對方

一位百萬富翁的右眼睛掉了，家人花了很多錢，給他裝了一隻假眼睛，看起來也很眞，於是這位富翁經常在外邊對別人誇耀。

有一次被馬克·吐溫碰到，他對馬克·吐溫說：「你能猜出哪隻眼睛是假的嗎？」

馬克·吐溫指著他的那個假眼，說：「我看這個眼睛是假的，因爲這隻眼睛裡，還多少有些慈悲。」

馬克·吐溫指出了富翁的假眼，而且還借題發揮，指出對方是一個沒有任何慈悲心的人。

12 比喻可以幫你解圍

康拉德．阿登納從自己的辦公室裡出來，到花園裡休息，科隆博塔夫人來到了他的面前，要和他談事情，而且喋喋不休，非要康拉德．阿登納回辦公室和她談。

康拉德．阿登納有點不耐煩，他說：「如果你有什麼要說的，那現在就說吧。」就在這個時候，一隻蒼蠅飛過來繞著夫人在飛。

夫人非常不滿地說：「總理閣下，這個地方怎麼會有蒼蠅？」

康拉德．阿登納回答說：「不知道爲什麼它老是在我的身旁，你中午來吧，它還會去食堂的。」

康拉德．阿登納巧妙的把夫人比喻成了蒼蠅，藉助蒼蠅的嗡嗡聲，來喻示夫人的喋喋不休。

13 適時藉助天氣

卡特視察了德克薩斯州某鎮，這個鎮子常年遭受旱災的侵害，但是當卡特到達這個鎮子的時候，突然天空下起了雨。

卡特走下飛機的時候，一邊微笑一邊說：「你們要麼得到慰問款，要麼得到雨，我沒有錢，所以只好給你們帶來了雨。」

卡他是個幸運兒，他抓住這個機會，立刻表示他給災民們帶去了大雨，用雨來藉指他對當地人民的關愛，這一聰明之舉，立刻得到了幽默的效果。

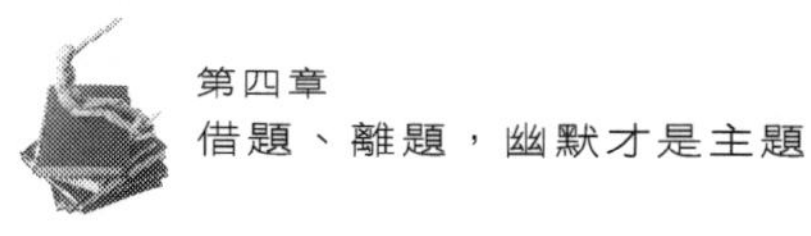

14 反其道而行之

威爾遜往往會做出一些簡短有力且又富有藝術性和鼓動性的演講，有一次，他的一個崇拜者問他說：「威爾遜先生，您準備一次演講需要多長的時間？」

威爾遜回答說：「這個要看具體的情況，如果我要講十分鐘，那麼需要準備一個星期；十五分鐘的演講就需要三天；如果半個小時的話，大約需要兩天；而如果要講一個小時的話，那麼我隨時都可以開始講了。」

一般情況下，演講的時間越長，需要越長的準備時間，但是威爾遜卻不一樣。其實，透過威爾遜先生的話，可以看出他的每一次簡短有力的演講，都是因爲他在下面做了很多的準備工作，這既展示了威爾遜先生的睿智，同時也讓整個場面變得輕鬆。

15 有效藉助對方的話

墨人鋼在一些批評家的眼中什麼都不是。

有一次，一個批評家對墨人鋼說：「你的詩歌寫得很糟糕，一點沒有水中撈月的感覺。」

墨人鋼笑笑說：「是的，先生，中國的詩歌在您的指導下，現在的確有猴子撈月亮的感覺，撈來撈去，最後發現月亮還是在天上。」

這位批評家的意思是，詩歌應該寫得空靈一些，但是墨人鋼將此觀點進行發揮，偷換「空靈」的概念爲「虛無」，而且還將中國詩歌現在虛無的矛頭，指向了批評家，希望批評家能夠反思。

16 延續對方的語言

勃拉姆斯有一次應邀去一位銀行家的家中去做客，對方拿出了一瓶很好的葡萄酒，說：「尊敬的音樂家，這瓶可是好酒，可是酒中的勃拉姆斯。」

勃拉姆斯接過葡萄酒後嘗了一口，感覺並不是最好的酒，於是就笑著說：「那還是請你把你的貝多芬拿上來吧。」

勃拉姆斯覺得酒並不是最好的，於是藉此發揮，讓對方拿出貝多芬，一方面表現了自己的謙遜，另一方面也讓氣氛變得歡快起來。

17 結果中包含著原因

大文豪蕭伯納長得非常瘦，有一次他遇到了一個有錢的資本家，這位資本家長得很胖，資本家看到瘦削的蕭伯納，就想諷刺一下他，於是他說：「蕭伯納先生，看到您，我就知道這個世界還在鬧著饑荒。」

蕭伯納笑著回答說：「看到了您，我就知道鬧饑荒的原因了。」

當對方嘲笑自己的時候，蕭伯納就從對方的結果中去找原因，將資本家的胖，定爲了世界上鬧饑荒的原因，蕭伯納的話不僅幽默，還富含著深刻的社會問題。

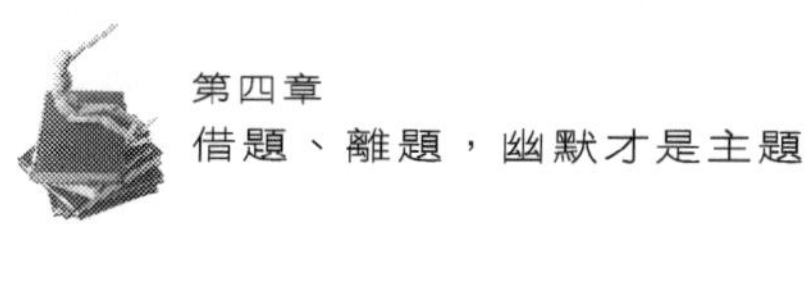

18 借題發揮同樣可以幽默

美國出版商羅伯特．吉羅克斯問詩人艾略特說：「艾略特先生，大多數編輯都是失敗的作家，是嗎？」

艾略特想了一會兒以後說：「是的，但是大多數作家也都是編輯。」

編輯和作家是相近但是不同的職業，作爲一名編輯，掌握嫺熟的業務技巧就可以了，但是作家還需要有感悟生活的能力，還要有寫作的技巧等等，艾略特的話，其實是在藉題發揮，指出兩者之間的關係和區別。

19 找出對方話中的和對方的區別

拳王阿里參加了一個盛大的宴會，主人將一個鋼琴家介紹給他認識。鋼琴家看到阿里後說：「我們是同行啊，都是以手來謀取生活。」

阿里笑著說：「你更出色，因為你的手上都沒有傷疤。」

鋼琴家和拳擊運動員不屬於一個行業，鋼琴家為了拉近雙方的距離，阿里的話中也是充滿著智慧和幽默。

20 批評也可以幽默

巴甫洛夫正在上課的時候，有個學生故意搗亂，他在學公雞叫，全班同學都笑了起來。巴甫洛夫看了看牆上的掛鐘，說：「我的表壞了，沒有想到現在都是早上了，但是同學們應該更相信我，因爲公雞叫是一種低等的本能。」

巴甫洛夫就這件事情批評學生，他只是借題發揮，說這種行爲很低能，讓批評顯得生動而富有情趣。

21 荒謬的回擊

一個吝嗇的老闆讓自己的夥計去買酒，夥計向他要錢，他說：「拿著錢去買，誰都可以辦到，你現在就要不用錢買回酒。」

過了一會兒，夥計提著空瓶子回來了。

老闆很生氣想要罵他。

夥計說：「有酒的瓶子裡喝出酒來誰都會，有本事的人都會從沒有酒的瓶子裡喝出酒來。」

夥計反擊老闆的荒謬，用的也是他的荒謬的方法，讓老闆無法責備自己，而且也充滿笑料。

22 直接反擊對方的挖苦

俄國學者羅蒙諾索夫，生活很簡樸，穿著方面也不是很講究。

有一天，一些好吃懶做的德國人，看到樸素的羅蒙諾索夫後挖苦道：「在這些衣服的洞裡，我們看到了你的才學。」

羅蒙諾索夫毫不客氣地說：「從這裡我卻看到你們的愚蠢。」

那些人把羅蒙諾索夫衣服的破洞比喻成了鏡子，從而挖苦羅蒙諾索夫。而羅蒙諾索夫也是藉此反擊，借得非常自然，出現了幽默的效果。

23 比喻有著非凡的幽默效果

沙葉新參加了一個大學生的演講，在完畢之後，有一位大學生問他說：「沙葉新先生，我想知道我們該如何對待謊言？」

沙葉新很認眞地說：「不撒謊、不表態，保持沉默，最重要的一點是，讓自己的腦袋長在自己的脖子上。」

沙葉新面對大學生的提問，給出了幽默的回答，其實他是在告訴對方，應該有認識新事物的能力，不要一味聽別人的。

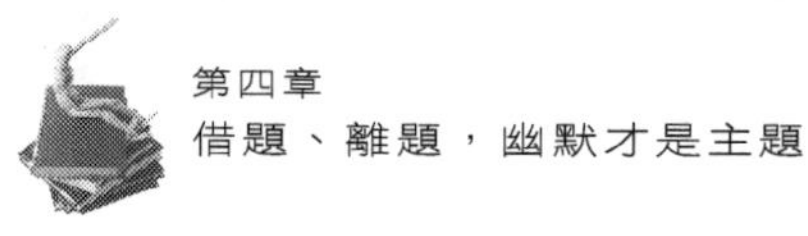

24 「歸謬法」的應用

一次聯合國大會上，英國工黨的一位官員問莫洛托夫說：「你是一位貴族，而我家祖輩都是礦工，請問我們誰更能代表工人階級？」

莫洛托夫聽後說：「是的，我出身貴族，而你出身工人家庭，但毫無疑問的，我們都做了叛徒。」

這位官員想要詆毀莫洛托夫，但是莫洛托夫按照對方的話來回擊對方，他在此中還用到了「歸謬法」，達到了意想不到的效果。

25 不一定每個問題都要正面回答

愛因斯坦在一次演講的時候，遭遇到了人們的提問：「你能記得聲音的速度嗎？你是怎麼記住的？」

愛因斯坦聽後說：「聲音的速度是多少，我需要查一下字典。因爲我從來不去記憶在字典上可以找到的東西。」

聽眾眼中的科學家是不一般的人，自然他們的大腦也和我們的不一樣，他們理應記得很多東西，但是面對這樣的提問，愛因斯坦並沒有正面回答，而告訴對方他的記憶是有選擇的。這樣的回答在活躍氣氛的同時，讓人們印象深刻。

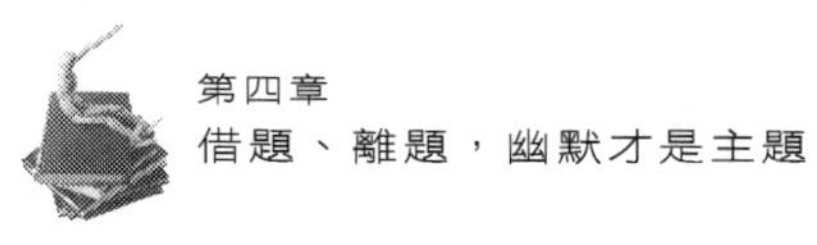

26 善於比喻

晏子的個子非常矮，人們經常因為這個事情而取笑他。有一次有人對晏子說：「英雄豪傑都是身材偉岸，能夠幫助國家的人。現在的你身高不足五尺，手無縛雞之力，只是一個藉助嘴巴的說客而已，你並沒有什麼眞實本領，你不感覺到可恥嗎？」

晏子聽後並不生氣，他說：「我聽說秤砣很小，但是他可以壓住萬斤，船槳雖然很長，卻總被水所淹沒，這個是為什麼呢？我承認我能力有限，有愧於相位，但是我絕對不是只借助嘴巴的說客，別人來問我，我不回答，豈不太不禮貌了。」

晏子在遭遇別人的攻擊時，並沒有像一般人一樣進行駁斥，而是透過一系列的比喻，來說明自己個子雖小，但絕不是無用之人。這種「借題發揮」的方法需要邏輯縝密，材料充足，在取得幽默效果的同時，有力地反擊對方。

27 找到對方的興趣點

阿凡提有一次去縣官那裡去告狀，縣官問他：「你叫什麼名字？」

阿凡提回答說：「我叫賄賂。」

縣官感覺到很好笑，問他：「怎麼會起這麼個名字？」

阿凡提說：「我聽說您喜歡賄賂，所以就改了這個名字。」

阿凡提對縣官是投其所好，抓住了縣官貪財的這一特點，有效諷刺了縣官。

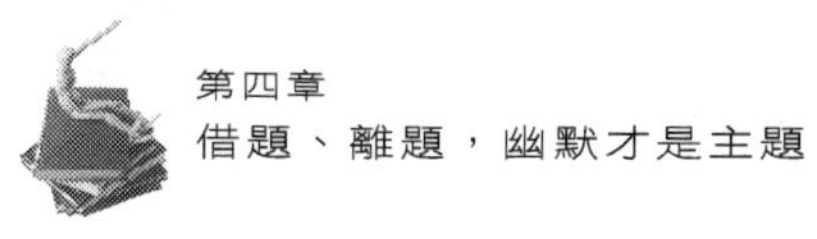

28 從對方身上找問題

馮玉祥曾任陸軍檢閱使，他駐北平南苑時宴請各國公使，陸軍檢閱官在署門上懸掛各國國旗，但沒有懸掛日本國旗。

日本使者對此非常不開心，於是他問道：「你們為什麼不懸掛日本國旗？」

馮玉祥說：「自從你們提出二十一條之後，敝國人民都在抵制貴國產品，現在無法購得貴國國旗，如果貴國能夠取消二十一條……」

日本在提出二十一條之後，中國人民採取各種方式抵制日貨，在市場上自然買不到日本國旗，馮玉祥針對對方的質問，闡述了自己的觀點，讓對方無言以對。在馮玉祥的話中，也暗示著中國人民的抗日之心。

29 懂得「如法炮製」

美國的一家服飾公司爲了招徠生意，做了很多廣告，有一天，他們給海明威送去了一條領帶，並且寫上：「我們公司的領帶很受人們歡迎，現在給您送上一條，請您笑納，但是請您寄回成本費兩元。」

海明威看後，給對方寫了回信。過了幾天，對方收到了海明威的信，並且附帶送了他們一本海明威的小說，信的內容是這樣的：「我的小說受到廣大讀者的好評，現在奉上一冊供你們閱讀，該書價值是兩元八角，現在，你們還欠著我八角。」

海明威在收到對方的信之後，按照對方的方法回寄了一本書，這樣既顯示了禮貌，同時也擴大了自己的影響。

30 順水推舟將問題推給別人

有一次，伏爾泰在公開場合讚揚另一位作家。

「奇怪啊，您這樣讚美他，但是對方卻說您是文壇上的小混混。」下面有人這樣說。

伏爾泰笑了笑，說：「如果是這樣的話，那看起來是我們兩個人都錯了。」

伏爾泰在聽到台下觀眾的揭露之後，並沒有直接抨擊那位作家，而是巧妙藉助對方的話，讓自己和那位作家錯位，從而讓事情的本質發生了變化，伏爾泰這種順水推舟的方法，顯得靈活而又幽默。

31 適時、適當的自嘲

約翰．馬克是美國著名的黑人律師，在一八六二年的一天，他要參加一個演講，在場的人大多數都是白人，他們基本上都對黑人存在偏見。知道這個消息後，約翰．馬克立刻修改了自己演講詞的開場白……

約翰．馬克走上演講台後說：「女士們、先生們，我與其說是來演講，不如說是為這個場合增加一些『色彩』……」

聽到這個獨特而略帶自嘲的開場白後，原本很嚴肅的場面，被他的語言緩和了不少，變得輕鬆起來。

開場白之後的講演很激烈，但是聽眾都沒有過激的反應，這次演講取得了很大的成功，這就是歷史上著名的篇章——《要解放黑人奴隸》。

十九世紀，在美國存在著不平等的奴隸制度，這種不平等和歧視交織在一起，當時黑人律師約翰．馬克要做《要解放黑人奴隸》的講演，但是觀眾大多數是白人，很容易引起過激的反應，但是黑人律師約翰．馬克卻將這個敏感的話題抓住，並且採取帶著寬容的自嘲口氣，換來了氣氛的緩和，從而順利地進行了演講。

32 故意錯誤理解對方的話

希特勒去精神病院視察，他問一個病人說：「你認識我嗎？」

病人搖了搖頭。

於是，希特勒大聲說道：「我是希特勒，我是你們偉大的領袖。我有非凡的力量，可以與上帝相比。」

病人們都沒有什麼大的反應，只是微微笑了笑。過了一會兒，一個病人對希特勒說：「我們剛開始病的時候，也和你現在的情況一樣。」

發動第二次世界大戰的希特勒，是個戰爭狂人，他的腦子裡裝滿著狂人的語言，即使正常人都會認爲他是在發瘋，在瘋人面前他也不知道收斂，那位症狀較輕的瘋人的一句話，產生了風趣幽默的效果。

Chapter

第五章

避實就虛，在虛處添一點輕鬆

幽默運用在生活中，往往能夠讓我們的生活更加有趣，也能夠拉近人們之間的距離，消除隔閡，所以，懂得幽默是一個現代人必須掌握的技巧，那麼，該如何幽默呢？有時候避開「實」的部分，透過「虛」的地方進行攻擊，反而會得到更好的幽默效果。

1 將答案藏起來

一個美國記者在採訪愛因斯坦的時候，說：「您是怎麼看待時間和永恆的，它們之間有什麼區別？」

愛因斯坦說：「親愛的女士，如果我有時間給您解釋它們的區別的話，等您明白過來的時候，永恆就已經消失了。」

愛因斯坦創立了相對論，面對女記者的提問，他並沒有直接回答，而是讓對方在他簡單的回答中自己悟出答案，寓意深刻。

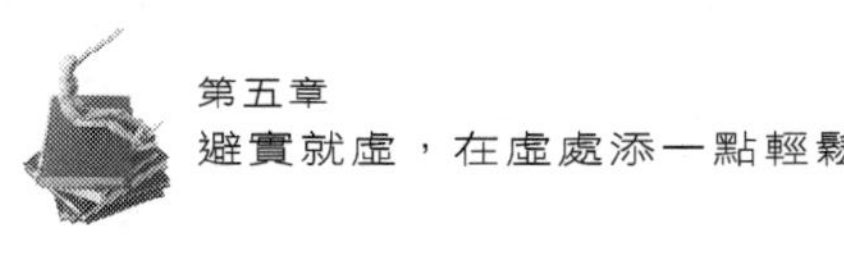

2 無關痛癢話的妙用

一位美國記者慕名採訪了王蒙，對方問道：「您能告訴我，五〇年代的您和七〇年代的您，有什麼區別和相同的地方嗎？」

王蒙說：「兩個時代我都叫王蒙，這個是相同點；五〇年代的時候我二十歲，七〇年代的時候我四十歲，這個是區別。」

說完，大家都笑了起來。

美國記者的提問，其實是問王蒙對社會的看法，但是王蒙很聰明地避開了這個社會話題，而是轉到了自身的方面進行回答，說些無關痛癢的話，不僅沒有產生麻煩，反而得到了幽默的效果。

3 反問句可以幫助你

馬塞勒斯．克萊在美國內戰期間，始終效忠於聯邦，並且和反對聯邦的肯塔基人進行決鬥。儘管馬塞勒斯．克萊是一個百步穿楊的神射手，但是有一次還是失誤了。事後，有人問馬塞勒斯．克萊說：「你平時在十步之外，五槍中可以有三槍命中懸掛著的繩子，這次是怎麼了？」

馬塞勒斯．克萊反問道：「繩子會不會長出手來，並且也拿著一把槍？」

即便是再厲害的神射手，也有失誤的時候，面對對方的詢問，他沒有給自己失誤找理由，而是透過目標來解釋原因，他的反問生動有趣，同時也解釋了自己失手的原因。

4 將話題轉移到生活中

林語堂收到邀請函，到美國的哥倫比亞大學，講授中國文化方面的課程，有一天，一個美國女生想要讓林語堂在課堂上難堪，於是她問道：「你總是在說中國好，那麼我們美國就沒有一樣東西可以和中國比嗎？」

林語堂聽後說：「當然有，美國的馬桶就比中國的好。」

在這樣嚴肅的課堂上，林語堂並沒有根據對方的問題，回答中美文化上面的差異，而是將話題轉到了生活日用品上，輕鬆化解了難堪。

5 用未來回答現在的問題

雷根公佈了自己「老年癡呆症，來日無多」，但是時隔不久，他又出現在了共和黨競選的集會上。

有人對此非常不解，於是上前問道：「雷根先生，您不是說您患了老年癡呆症，已經無法參加競選了嗎？」

雷根笑著說：「就目前的狀況，我可能無法參加一九九六年的總統大選，但是我有參加二○○○年大選的可能性啊。」

眾人聽了之後，都爲之鼓掌。

面對大家的疑問，雷根沒有回答現在的狀況，而是把時間推移到之後的幾年，用未來的狀況來回答現在的問題，這實在是神來之筆。

6 無聲也可以勝有聲

有人問赫拉克利特說：「你爲什麼總能夠保持沉默？」

赫拉克利特回答說：「我保持沉默，好讓你們嘮叨啊。」

面對這樣的問題，很多人都會回答是因爲性格方面的原因，而赫拉克利特卻這樣回答，其實稍微聰明一點的人都能夠想到，赫拉克利特是個善於利用「此時無聲勝有聲」境界的人。

7 將問題順理成章地推斷下去

喬治．桑塔亞雖然已經是體弱多病的老人了，但是他周身還是散發著熱愛生命、熱愛生活的氣息。

有一回，喬治．桑塔亞參加了一個很多名流出席的晚會，主持人看到喬治．桑塔亞拄著拐杖進來，就很關心地問道：「您還要經常去看醫生嗎？」

喬治．桑塔亞說：「經常去，因為只有病人經常去看醫生，醫生才能夠生活下去。」

喬治．桑塔亞的話立刻引來了台下的一陣掌聲，他們都為這位老人的機智和樂觀精神所喝彩。

喬治．桑塔亞借助醫生要收病人醫藥費的這個道理，來回答主持人的問題，在「順理成章」間，體現幽默的語言能力。

8 避實就虛，效果會更明顯

赫拉克利特在接受別人訪問時，對方問了他這樣一個問題：「你認爲已經過去了的事情可以改變嗎？」

赫拉克利特聽了之後說道：「人是無法兩次踏進同一條河流的。」

赫拉克利特並沒有正面回答對方的問題，而是透過避實就虛的方法，讓對方自己領悟答案。

9 可以展現知識的回答

一些喜歡新花樣的年輕人去請教畢卡索，他們問道：「按照立體派的原則畫人的腳，該畫成圓的還是方的？」

畢卡索很認眞地說：「自然界是沒有腳的。」

畢卡索是象徵主義畫派的開山鼻祖，他的畫與現實臨摹有很大的距離。面對年輕人的提問，他沒有直接回答。在象徵主義畫派裡，如果能夠體現出畫家的意圖，畫中的主人公可以沒有腳，畢卡索透過自己的語言，啓發了年輕人去思索，充滿了幽默感。

10 用誠信說話

威廉一世每天的中午都必須到柏林宮殿的窗戶，接受被統治者的瞻仰。到了晚年的時候，威廉一世身體每況愈下，醫生對他說：「陛下，您可能要停止接受瞻仰的這份日常活動了，要不然，您的身體會吃不消。」

威廉一世卻很固執的說：「我每天的接見是寫在旅遊手冊上的。」

面對醫生的勸告，威廉一世並沒有直接回答好還是不行，而是把自己的這項活動，說成是在旅遊手冊上印刷好的，如果他不去，那麼旅遊手冊就需要重新印刷，這顯示了他的誠信，同時也增添了喜劇效果。

11 把兩者分開描述

齊高帝蕭道成與書法家王僧虔在練字的時候，高帝突然問王僧虔說：「你認爲我們兩個人，誰的字更好一些？」

王僧虔看了看蕭道成的字之後，說：「臣子中，我的字最好看，帝王中，您的字最好看。」

蕭道成聽後，非常高興的說：「你是個很會維護自己的人啊。」

王僧虔無法直接說出答案，只能把君和臣分開，因爲君和臣本來就是兩條線，是無法重合和相交的，這樣做既維護了自己，而且還取悅了君王。

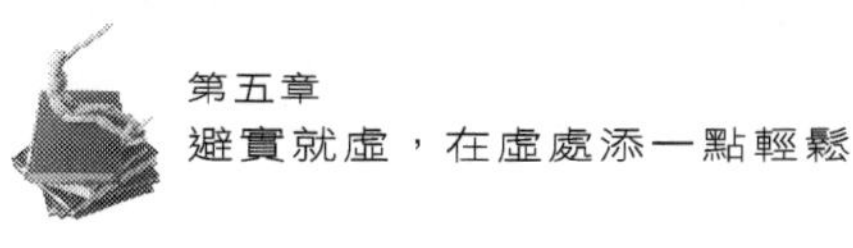

12 善於編故事

曹尚書邀請解縉過府吟詩，當場要求他寫一首雞冠花詩，解縉聽後隨口說：「雞冠本是胭脂染。」

此句一出，曹尚書就從衣袖裡拿出一朵白色的雞冠花，說：「不好意思，這朵是白色的。」解縉卻不緊張，繼續說道：「今日爲何淺淡妝？只因五更貪報曉，至今戴得滿頭霜。」曹尚書聽完之後，連連點頭，連他也佩服了解縉的才華。

解縉的第一句詩，本來是實寫，但是曹尚書故意用物證來反駁他，沒想到解縉靈機一動，虛構了一個擬人化的故事，圓滿地回答了曹尚書。

13 避實就虛的應用

鐘毓與鐘會二人長得都很帥氣，而且才華出眾，在當地非常有名，曹丕聽說這兩人之後，就召來相見。

召見時，鐘毓因爲緊張，額頭冒出了很多汗，於是曹丕問道：「你怎麼出汗了？」

鐘毓不失機智地說：「天子威嚴，看得小民有些緊張，所以一時冒出汗來。」

此時的鐘會鎮定自若，連一點汗都沒有，於是曹丕又問道：「你怎麼一點汗都沒有？」

鐘會一聽，隨即回答：「天子威嚴，心中緊張，汗流不出來。」

兩人的表現截然相反，但都能夠自圓其說，滿足曹丕的心理，他們將「避實就虛」用得恰如其分。

14 對方話裡找問題

海明威接到了一個自命不凡的人的表達：「海明威先生，我早就有心給您寫一份傳記，希望您死後，我有寫這份傳記的專利和光榮。」

海明威回信道：「先生，聽說您要寫我的傳記，那我不得不努力活下去。」

這位老兄想要給海明威寫傳記，顯然海明威不怎麼同意，爲了不打擊對方的尊嚴，海明威透過自己要活下去的暗示，告訴對方不想讓他寫傳記。

15 擬人化的效果

昂紮曼恩在表演的時候，總喜歡即興發揮，這種情況有時候讓他的搭檔苦不堪言，因此導演並不允許他搞出這種名堂。

有一次，昂紮曼恩在柏林劇院演出，他的馬居然在臺上拉了一泡尿，這個場面引來了台下觀眾的大笑。

這個時候，昂紮曼恩厲聲說：「你怎麼又忘了？導演叮囑了多少次了，說不要即興表演。」

昂紮曼恩的馬在臺上撒尿，這個是很意外的一件事情，但是昂紮曼恩很聰明，他立刻把馬當做人，然後訓導他要記得不能即興表演，嘲諷了導演。

16 躲避敏感話題

巴爾扎克遇到了一位多年不見的老朋友，對方看到巴爾扎克後就開始讚揚他：「你最近出版的書眞的很不錯啊。」

巴爾扎克於是說：「朋友，我是多麼羨慕你。」

朋友很茫然的說：「怎麼了？」

巴爾扎克說：「你不是這本書的作家，想怎麼說就怎麼說，我可不行，自誇吧，難爲情；自責吧，書又不差；沉默不語吧，別人又說我傲慢。」

巴爾扎克避開了討論自己的新書，而是將話題轉移到了朋友身上，從而發出作爲作家的苦衷，這種方法很好的避開了敏感話題，讓自己擺脱尷尬境地。

17 側面來回答對方的問題

愛迪生接受一位記者的採訪，對方問道：「愛迪生先生，您是不是應該給一座正在修建的大教堂裝一個避雷針呢？」

愛迪生回答說：「當然，因爲上帝往往粗心大意。」

記者又問道：「那你是怎麼想像上帝的？」

愛迪生說：「先生，沒有品質、沒有重量、沒有形狀的東西是無法想像的！」

面對記者這樣的問題，愛迪生自然不好亂說，但也不能照實說，於是愛迪生發揮自己的聰明才智，透過幽默的語句，側面回答了記者，上帝是不存在的。

18 轉移話題到對方身上

戲劇評論家詹姆斯．埃加特在街上行走的時候，遇到了佈雷斯韋特，於是他開玩笑地說：「親愛的佈雷斯韋特，我必須坦誠交代一個我想了很多年的想法，在我的眼裡，你是我們聯合王國裡第二漂亮的夫人。」

佈雷斯韋特聽後說：「謝謝您，我在二流的最佳評論家那裡，也只希望聽到這樣的評價。」

佈雷斯韋特沒有對對方的評價做出任何的回答，而是避開評論，把話題轉移到了對方的身上，從而維護了自己。

19 小事情裡有大道理

麥克唐納上任，與一位官員就持久和平的問題進行爭論。

對方對麥克唐納的理想主義思想加以冷嘲熱諷：「和平的願望可換不來和平。」

麥克唐納回答說：「這一點很正確，要求吃的願望無法讓你變得飽起來，但他至少可以促使你走進餐廳。」

對於對方的話，麥克唐納沒有直接進行反駁，而是打了一個比方，透過生活中的小事情來說明這個道理。

20 借助國籍找區別

一九五四年四月，周恩來去日內瓦出席關於印支戰爭問題的國際會議。有一天，他在休息的時間，邀請卓別林夫婦到中國餐廳共進晚餐。

在吃飯的時候，桌上擺著一份道地的北京烤鴨，卓別林詼諧地說：「我這個人對鴨子有很特殊的感情，所以我不吃鴨子。」

周恩來正想問原因，卓別林自己就說道：「我演的流浪漢夏爾洛，走路的姿勢的喜劇效果，就是透過鴨子走路得到啓發的，爲了感謝鴨子，我從那以後就沒有吃過鴨子了。」

周恩來見菜不能對客人的口味，感覺到有點內疚，這個時候卓別林又說道：「不過這次沒關係，因爲它不是美國的鴨子。」

說完大吃起來。

卓別林在中國餐廳吃鴨子時，故意將鴨子分了國籍，這樣既不讓主人難堪，也保住了自己不吃鴨子的習慣，可謂兩全其美。

21 有根據地誇大

林肯接受了記者關於兵力問題的提問：「林肯先生，現在南方軍隊有多少人呢？」

林肯回答說：「一百二十萬。」

眾人對此感到非常驚愕，因爲這個資料超過了大家的預想，很多人對此表示了懷疑。

林肯接著補充道：「是一百二十萬，沒有錯，你們知道，我們的將軍總是告訴我說，敵人的軍隊是我們的三倍，我對他們的話都很相信，所以我軍在戰場上有四十萬，那對方就應該是一百二十萬了。」

林肯藉著這個提問，諷刺了一些將軍的做法和說法，同時也讓北方士兵們認識到了軍中的嚴峻情況。

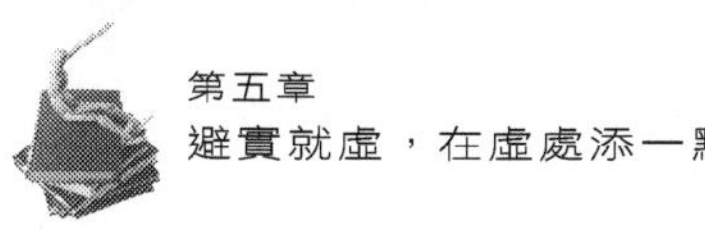

22 虛構出來的物品

維多利亞女王訪問劍橋，在河上的一座橋上駐足良久，她看到了被污染了的卡姆河說：「河裡的廢紙太多了。」

威廉·休厄爾回答說：「陛下，他們不單單是廢紙，他們其實都是告示，告誡所有的來訪者，這裡不可以游泳。」

河裡的廢紙是環境污染的一種，威廉·休厄爾透過側面表達他認同女王的話，人們看到漂滿廢紙的河，又怎麼可能游泳呢？這些廢紙無疑起到了告示的作用。

23 自然現象幫你擺脫困境

吳敬梓按照十二生肖來說是屬蛇的，當時蛇被認爲是很卑賤的動物。

有一次，一個富家子弟帶著一隻鷹，來到吳敬梓面前說：「我屬羊，你呢？」

吳敬梓看到對方的鷹，就知道對方要取笑他，於是他說：「我屬蟒。」

富家子弟吞吞吐吐地說：「你不是屬蛇嗎，怎麼又屬蟒了？」

吳敬梓說：「以前是屬蛇，現在蛇已經長成蟒了，而且專門喜歡吃羖羊。」

面對富家子弟的挑釁，吳敬梓按照自然現象，解釋自己屬蟒的原因，讓富家子弟啞口無言，而且充滿幽默感。

24 故意忘記

愛迪生在七十五歲高齡的時候，仍然要去實驗室工作，一天，一個記者問他說：「愛迪生先生，您打算什麼時候退休呢？」

愛迪生裝出一副忘記的樣子說：「糟糕，我把這件事情忘記了。」

愛迪生沒有說出自己的退休問題，而是用假裝忘記的方式避開話題，讓對方也從中悟出，愛迪生現在還沒有打算退休。

25 洗兵牧馬，藉助繁體字

聶守信從小就喜歡音樂，大家都說，只要從他的耳朵進去的，他就會唱，因此大家都叫他「耳朵」。

聶守信在一次聯歡晚會上表演節目，大家都在讚賞他的才能，總經理還送了他一份禮物，總經理說：「聶耳先生，你唱得實在是太好了。」

聶守信知道總經理在和他開玩笑，就笑著說：「你們硬要給我再送一個耳朵，那麼我就變成四個耳朵的『聶耳』吧。」

聶守信面對總經理的玩笑，巧妙的藉助繁體字稍稍自嘲了一下，卻達到了很好的幽默效果。

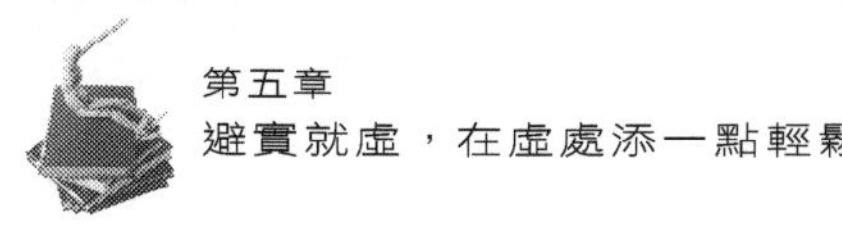

26 自嘲的幽默

有一位上司在和縣官談完公事之後，很好奇地問縣長：「聽說你們這裡有猴子，不知道有多大？」

縣官聽後隨口說：「大的大概有大人這麼大。」

上司聽到這句話，臉色立刻變了，縣官趕緊補充道：「小的有奴才這麼小。」

上司一聽，就笑了起來。

縣官在情急之下說錯了話，後來趕緊透過自己的聰明才智予以補救，雖然貶低了自己，但多少沒有惹惱上司，而且讓整個場面變得很輕鬆。

Chapter

第六章

低調應對，幽默而不失謙虛

很多人都在幽默的時候，不顧及別人的想法，這種做法是不妥當的，幽默是促進人們之間交流的工具，如果成了嘲笑對方或者揶揄對方的方法，幽默本身就已經失去了意義，所以不管怎樣的幽默方式都要謙虛、低調，只有這樣，才能夠讓我們的幽默健康、有意義。

1 給糟糕的境地找個理由

一七一七年，伏爾泰因爲譏諷了攝政王奧爾良公爵，從而被關在巴士底監獄十一個月。出獄之後的伏爾泰，知道奧爾良公爵不能冒犯，於是就說：「奧爾良公爵，您的心胸像大海一樣寬廣，眞的是太感謝您了。」

奧爾良公爵深知伏爾泰有著非同一般的影響，所以也想化解這次矛盾，於是說：「眞的很抱歉，還希望您不計前嫌才是。」

伏爾泰說：「我是眞的在感謝您，爲我解決了這麼長時間的食宿問題，都不讓我自己操心。」

將關在監獄裡說成是提供免費食宿，這就是伏爾泰的幽默和樂觀，同時也極力諷刺了奧爾良公爵。

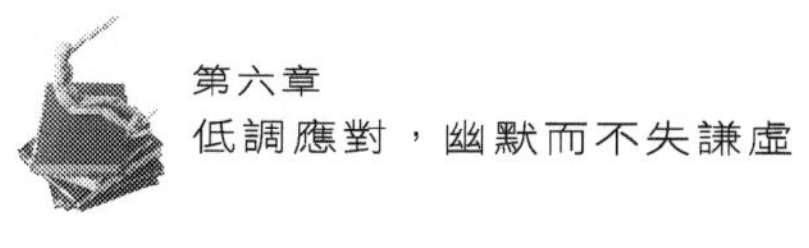

2 用好玩的言辭掩蓋真實原因

柯立芝總統在任職快結束的時候，發表了鄭重的聲明：「我不打算繼續幹這一行了。」記者聽到這些之後，知道他心裡有話，於是問道：「那您能解釋一下，爲什麼不想再做總統了呢？」

柯立芝總統告訴那位記者說：「因爲總統永遠沒有提升的機會。」

工作有了突出的表現，升職是一種獎勵方式，但是作爲總統這種最高管理者，自然沒有提升的機會，柯立芝總統沒有正面解釋原因，而是透過這種方式收到幽默效果。

3 將批評說成笑話

一九三〇年二月九日，是蔡元培七十大壽的日子，上海的各界人士都紛紛來爲他賀壽，蔡元培德高望重，自然受到大家的敬重。

在嘉賓發表完講話之後，蔡元培很風趣地對大家說：「諸位來給我賀壽，目的就是爲了讓我多做幾年事情，但是我現在感覺前邊六十九年做的事情都做錯了，今天，你們來，那就是要讓我多做幾件錯事了。」

蔡元培的一席話逗樂了大家，氣氛變得輕鬆很多。

在自己的壽宴上，所有的人都希望壽星公健康長壽，而蔡元培故意批評大家讓他多做幾件錯事，讓人忍俊不禁。

4 讚揚別人的無心之失

在「二戰」的時候，德國佔領了荷蘭，荷蘭的流亡政府在美國設定了總部，當時德克．吉爾總理幾乎不會講英語。

在第一次和溫斯頓．邱吉爾會晤的時候，一見面，他就伸出手，對他的同盟者說了一句：「再見。」

邱吉爾很開心地說：「我眞希望所有的政治會議，都能夠如此簡短扼要。」

德克．吉爾總理因爲不會說英語，在第一次和邱吉爾見面的時候，錯說了一句「再見」，邱吉爾不但沒有怪罪，反而利用這個機會稱讚他說得簡短扼要。

5 故意增多對象的人數

貝爾蒙多接受了記者的採訪，對方問道：「您認爲誰是最優秀的演員？」

貝爾蒙多很謙虛地說：「這個你也知道，我們好幾個人都很優秀。」

貝爾蒙多也許在心裡認爲自己是最優秀的，但是他不好直接說，所以說成是我們，這樣既顯示了自己的低調，同時肯定了自己的成績。

6 故意告訴對方

門捷列夫的一位鄰居來到他們家串門子，一進屋，這位鄰居就喋喋不休地講個不停。過了一會兒，鄰居問道：「我讓您感到厭煩了嗎？」

「不，沒有，您剛才說到哪兒了？」門捷列夫回答說。然後，門捷列夫又接著說：「請繼續講吧，您不會打擾到我的，我可以想我自己的事。」

鄰居的行爲，顯然讓門捷列夫感到了不耐煩，但是門捷列夫很有禮貌，他沒有直接拒絕對方的談話，而是告訴對方，他的思考是不會因爲他的話而打斷的。

7 和同行之間的比較

年輕詩人羅伯特．索錫向波爾森問道：「波爾森先生，對於我的作品，請問您有什麼看法？」

理查．波爾森很認眞地說：「你的作品肯定會有人喜歡讀，當然，前提是等到莎士比亞和彌爾頓都被人們忘記了。」

理查．波爾森並沒有直接說對方的詩寫得不好，而是透過和莎士比亞、彌爾頓的比較告訴對方，他的詩歌品質還很欠缺。

8 找到對方無法做到的事

在一個百貨大樓裡，一個女性顧客正在對一個售貨員說：「幸好我沒有指望在你們這裡得到優質服務，也沒有打算在你的身上看到禮貌，因爲你是一個很不合格的售貨員。」

售貨員很生氣，她說：「我也沒有見過你這麼挑剔的顧客，既然你不想買東西，那就不要再浪費我的時間了。」

旁邊的一位老大爺見證了事情的全部過程，於是他走到櫃檯說：「請問這裡有賣『吵架』的嗎？」

售貨員一聽，就笑了，然後說：「對不起，影響到您購物了。」

老大爺是個很聰明的人，他用特殊的方法進行勸架，這樣雙方在一笑之間，就會淡化剛才的吵架，緩和了當時的氣氛。

9 故意裝得很緊張

皮埃爾在餐廳吃飯的時候，將大衣放在旁邊，等到吃完飯的時候，才發現另一個人正在穿他的大衣。

於是，他很膽怯地碰了碰那個人，他說：「對不起，請問您是不是皮埃爾先生？」

對方很肯定地說：「對不起，我並不是皮埃爾。」

皮埃爾這才鬆了一口氣說：「那看起來不是我弄錯了，我是皮埃爾，但您正準備穿他的衣服。」

當有人穿錯了皮埃爾的大衣的時候，皮埃爾用一種非常規的行爲告訴對方，這樣保留了對方的面子，同時讓場面顯得輕鬆。

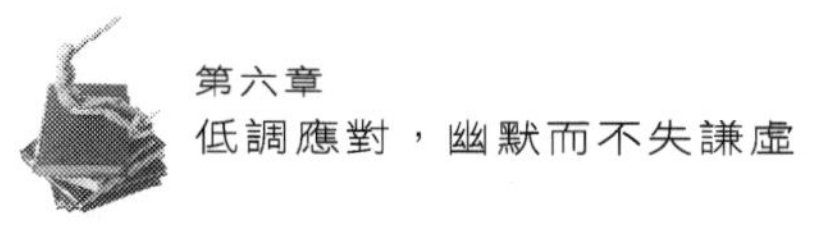

10 拿自己和別人比較

雷根在訪問加拿大的時候，在一個城市裡作演講，此時很多群眾明顯帶著反美的情緒，雷根的演講時不時會被打斷，當時加拿大的總理皮埃爾．杜魯道對此感到非常尷尬。雷根則是面帶笑容，他說：「這種事情在美國很正常，我想他們是特地從美國來加拿大的，好讓我有一種賓至如歸的感覺。」

聽到這些話，皮埃爾．杜魯道也輕鬆了很多。

雷根面對不歡迎自己的人民，並沒有生氣，而是藉助一種輕鬆的口吻進行自嘲，並且將兩個國家聯繫在了一起，來擺脫困窘，同時也讓主人感到輕鬆。

11 道理包含在笑話中

馬克．吐溫的朋友在讀了馬克．吐溫的一些短篇小說之後，就開始動筆寫起來，但是很多都沒有發表，等了很久，終於有一篇問世了。

朋友非常高興，於是把這件事情告訴了馬克．吐溫，並且說：「小說並不是很難寫。」

馬克．吐溫環顧了一下四周說：「那可能是你到達頂峰了。」

馬克．吐溫並沒有直接指出朋友的小說只是僥倖發表，以後很有可能沒有什麼成就，而是說了一些讓朋友開心的話，但其實其中包含著道理。

12 故意講給所有人聽

一九二二年，蕭楚女在四川擔任《新蜀報》主筆，藉助筆名「楚女」發表文章，因爲他的文筆邏輯能力很強，所以不久之後，他就名聲大噪，很多年輕人都在猜測對方應該是一個楚楚可人的女子，因此每天有很多求愛信。

蕭楚女爲了避免這種尷尬，於是在報上登了一則啓事：本報有楚女者，並非楚楚動人之女子，而是身材高大、皮膚黝黑並略有麻子之大漢也。

因爲名字的緣故，而被別人誤以爲是女孩，還收到了不少男子的求愛信，這讓蕭楚女哭笑不得，於是他爲了避免麻煩，索性光明正大登報說明。

13 以此類推，證明相同點

一九四五年，著名漫畫家廖冰兄在重慶展出漫畫《貓國春秋》，當時郭沫若、宋雲彬和王琦等文化界的名人都去剪綵。

當時，郭沫若很不解地問廖冰兄說：「你的名字很奇怪，怎麼可以自稱為兄呢？」

王琦搶先說道：「他妹妹名冰，所以他名叫冰兄。」

郭沫若聽後笑了笑，說：「我明白了，那這樣的話，郁達夫的妻子一定是叫郁達、邵力子的父親一定叫邵力了。」

一句話讓所有的嘉賓都笑了起來。

郭沫若用到了以此類推的方法，透過事實例子證明了對方的話，也收到了幽默的效果。

14 加上幾個字立刻不同

諸葛恪的父親諸葛瑾面孔狹長，都有點像驢的臉了，有一天，孫權召集大臣，命令人牽上來一頭驢，在驢的臉上貼著一個長標籤，上面寫道：「諸葛子瑜（子瑜是諸葛瑾的字，古人稱字，以示尊重）」。

諸葛恪趕緊跪下來，說：「請給我一支筆，我要在上面添兩個字。」

諸葛恪在「諸葛子瑜」幾個字的後面，添上了「的驢」兩個字，孫權也立刻把這頭驢賜給了諸葛恪。

用加字的方法，消除了諸葛瑾可能被嘲笑的局面，充分展現了諸葛恪的聰明智慧。

15 將數學用在幽默中

有一天，愛因斯坦的一位女性朋友給他打電話，掛電話之前，她說：「你把我的電話號碼記下來吧，方便以後通話。」

愛因斯坦答應了。

對方又接著說：「我的電話號碼很長，很難記憶，你可要記清楚了。」

愛因斯坦說：「說吧，我聽著呢。」

對方報了電話號碼。

愛因斯坦說：「24361，這個挺好記的啊，兩打和19的平方，我記住了。」

愛因斯坦不愧是精通數學的科學家，他的記憶方法也和一般人的不一樣，他藉助數字巧記的方法，不僅讓他記住了很多東西，而且還收到了幽默的效果，給生活增添了情趣。

16 比喻接著比喻

郭沫若和茅盾有一天聚在一起聊天。

郭沫若說：「魯迅先生甘願做一頭為人民服務的牛，那麼我就願意做這條牛的尾巴，一條為人民服務的尾巴。」

茅盾笑了笑說：「那我就做牛尾巴上的毛吧，幫助牛趕走蒼蠅和蚊蟲。」

兩人因爲魯迅的比喻，自己也做了比喻，從而讓對話中充滿了幽默的效果。

17 雙方身份進行互換

一九六二年，甘迺迪與夫人賈桂琳一起訪問法國。甘迺迪夫人賈桂琳的法語非常流利，於是得到了法國人民的歡迎。

有一位記者問道：「甘迺迪先生，您會因爲這件事情而生氣嗎？」

甘迺迪笑著說：「我先給你們做一個介紹吧，我是陪同賈桂琳·甘迺迪夫人來法國的男士，對此，我感到非常榮幸。」

甘迺迪與夫人賈桂琳一起訪問法國，本來的主角是甘迺迪，現在他甘願做配角，來化解自己當時的尷尬，這種身份互換的方法，也是一種不錯的化解窘境的方法。

18 給足對方思考空間

霍華德先生有一次坐火車的時候，想抽煙，但是他發現身邊的是一位女士，於是他很小心地：「我能在這裡抽煙嗎？」

那位女士很客氣的說：「就像家裡一樣好了。」

霍華德將煙收起來，放進衣袋裡說：「還是不能抽。」

那位女士沒有直接去回答霍華德，而是給足了對方思考的空間，其實女士的意思是允許霍華德抽煙的，誰想霍華德在家裡是不能抽煙的。

19 把字拆開達到幽默效果

一位姓陳的先生，拿著自己的名片去拜訪一位姓周的先生，但是周先生總是念別字，他在歡迎陳先生的時候，連連說：「東先生，請坐，請坐。」

陳先生不動聲色，回答道：「吉先生不用客氣，不用客氣。」

周先生這下子不高興了，他說：「我本姓周，怎麼稱呼我為吉先生呢？」

陳先生也說：「我本姓陳，為什麼稱呼我為東先生呢？你既然割了我的耳朵，那麼我就剝了你的皮。」

周先生這次意識到自己有錯在先，於是笑笑，趕緊給對方道歉，一場誤會也就消除了。

陳先生藉助拆字的方法，教訓了念別字的周先生，化解了兩人的誤會，同時也具有幽默效果。

20 反過來批評

有一天，一對父子路過一家五星級的酒店，看到了一輛超級跑車。
兒子指著跑車，說：「擁有這種車的人，肯定是沒有學問的人。」
父親則很輕鬆地說：「說這種話的人，口袋裡肯定是沒有錢的人。」

擁有超級跑車的人，未必就是缺少文化的人，兒子卻用這種偏見來看待事物，父親藉此批評兒子的偏激看法，同時收到了幽默的效果。

21 把結果說得嚴重一點

蕭伯納在街上走的時候，被一個冒失鬼給撞了，幸好兩人都沒有受傷，冒失鬼在扶起蕭伯納後趕緊道歉。

但是蕭伯納做出了一副惋惜的樣子，他說：「今天太可惜了，先生，如果你撞死了我，那麼，之後您就可以名揚四海了。」

蕭伯納是一個非常有名的人，如果他逝世了，肯定會引起人們的關注，自然這位冒失鬼也要跟著出名了，蕭伯納透過這種方式，原諒了對方的冒失，顯示了自己的大度和寬容。

22 看穿對方的心理

有一天，一個連隊進駐了馮玉祥擔任保長的區域，連長想要借民房、借桌椅，因此和百姓有些口角。

馮玉祥只好跟連長道歉，說：「長官，實在不好意思，這裡來了太多當官的，所以你就將就些吧。」

連長聽後很生氣說：「你個小小保長，居然敢和我這樣說話？」

馮玉祥說：「不敢，我之前也當過兵。」

連長說：「你還做過什麼？」

馮玉祥說：「我做過排長、連長，還做過營長、團長。」

這個時候，這位連長變得很緊張，於是站起身來說：「你還做過什麼？」

馮玉祥仍然微笑著說：「師長、軍長，甚至司令也幹過幾天。」

連長這次仔細端詳馮玉祥，發現對方的身份後說：「您是馮副委員長，部下該死。」

馮玉祥向對方鞠了一躬後說：「在軍委我是副委員長，在這裡我就是一個保長，理應伺候你。」

當馮玉祥的身份是保長的時候，連長借勢欺人，而知道了馮玉祥的眞實身份後，連長也嚇懵了，馮玉祥藉助的就是對方功利的心理，在收到幽默效果的同時，也教育了這位連長。

23 透過看到的情景即興發揮

非洲曾經爆發一種昏睡病，人們得了這種病後，就會變得昏昏欲睡，羅伯特．科赫爲了研究這種病，於是也去非洲考察，回國後，高級官員接見了他。

羅伯特．科赫在等候接見的時候，看到開國家預算委員會會議的代表都快要睡著了，於是他就忍不住說：「我原來根本就沒有必要去非洲，在這裡就有昏昏欲睡的好材料啊。」

羅伯特．科赫看到了大廳裡的一幕之後，一方面是自嘲，另一方面是對這些官員沒有鬥志、渾渾噩噩的狀態感到痛心，於是藉此來發揮。

24 正話反說化尷尬

亨利．克萊在街上遇到了一位似曾相識的夫人。

這位夫人走到他的面前，說：「您應該已經忘記了我的名字了吧？」

亨利．克萊鞠躬後說：「是的，夫人，我已經忘記了，但是我上一次見您的時候，就知道以您的美貌和教養，肯定會更換姓名的，所以之前的名字也就沒有必要記住了。」

這位夫人認爲自己很美貌而且很有教養，所以別人一見她之後就不會忘記，但是亨利．克萊對這位夫人的自滿很不以爲然，於是，透過正話反說的方法，在滿足對方虛榮心的同時，也免除了自己的尷尬。

Chapter
第七章

諧音巧借，博君一樂

中國的文化博大精深，漢字和它的讀音也是這樣，同音的字有著不同的意思，我們可以根據這些同音不同義的字做文章，讓我們的幽默笑話達到一個很好的效果，這一點並不是做不到的，只要我們肯去研究，終究會掌握這種幽默的技巧的。

1 諧音裡面有智慧

從前，有一個很厲害的木匠收了一個徒弟，三年之後，徒弟學成，自以爲了不起，連師父也不放在眼裡了。

有一天，徒弟不在的時候，師父做了一個會行走的木馬，徒弟回來後，看到師父做的木馬居然可以拉碾子，於是偷拿了木馬的所有零件，準備照樣自己也做一個。

但是他做出來的木馬卻不會走路，他只好去請教師父。

師父問他：「你量了嗎？」

徒弟回答說：「量過了。」

師父說：「我估計你沒有量（良）心吧？」

徒弟說：「我好像眞的沒有量（良）心。」

自己回答了之後，才反應過來師父的意思，從此以後再也不驕傲自大了，而且對師父更好了。

師父在這裡，很聰明的將「量」和「良」的音混淆了，結果讓徒弟明白了自己的缺點，從而加以改正。

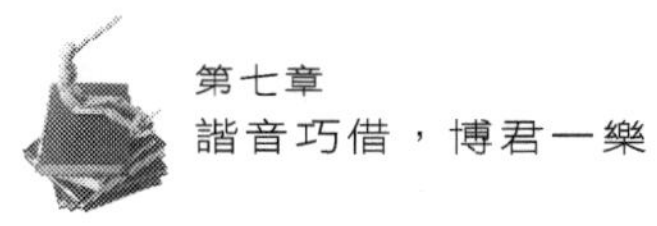

2 懂得利用諧音

有一天，著名建築學家梁思成，在做著一個關於古代建築維修的學術報告。演講剛開始，他就對大家說：「我是個『無齒之徒』。」下面的聽眾都被他嚇了一跳，以爲他說的是「無恥之徒」。過了一會，梁思成卻又慢慢說：「我的牙齒早年就沒有了，後來在美國裝了一副假牙，因爲用得時間長了，所以看起來有點黃，反而看起來不是假牙了，這個就是『整舊如舊』，其實，對於古代的建築的修理也是這樣的，不能讓他們變得煥然如新。」

如果把古代的建築全部修整得煥然一新，人們一看就知道是後人修建的；如果要保持他們的原貌，就要像梁思成的假牙一樣，不能大修，梁思成的玩笑，讓一個嚴肅的話題，在一個輕鬆的氛圍裡得到解決。

3 打破常規用諧音

有一個小夥子想要去周家莊，正好碰到一個老人，於是他問道：「喂，周家莊怎麼走，還有多遠？」

老人對小夥子的傲慢和無禮很生氣，於是隨口回答道：「走大路大概一萬丈，小路的話有七八千丈。」

小夥子很鬱悶，於是說：「這個地方怎麼還用丈，而不是用里的？」

老人笑著說：「小夥子，你也知道講里（禮）的呀？」

小夥子這才知道自己剛才失禮了，於是趕緊給老人道歉。

老人打破常規，沒有用到傳統的論路程的單位「里」，而是用到了「丈」，從而引出了很讓對方後悔的對話，妙趣橫生。

4 職業的巧妙利用

著名國畫大師張大千，在抗日戰爭勝利後，想要去趟四川老家，在走之前，他的學生們設宴送行，並且邀請了梅蘭芳等社會名流。

宴會剛一開始，張大千就給梅蘭芳敬酒說：「梅先生，你是個君子，而我卻是小人，我要敬你。」

梅蘭芬不明白對方的意思，連忙詢問。

張大千笑著說：「『君子動口不動手』啊。」

張大千巧妙地利用了自己的畫家身份，和對方表演藝術家的身份談論問題，取得了幽默的效果。

5 以其人之道，還治其人之身

在一九八二年的秋天，美國洛杉磯召開了中美作家會議，期間，美國詩人艾倫．金斯伯格讓中國作家蔣子龍解一個謎題：「將一隻重達五斤的母雞，放進一個只能裝一斤水的瓶子裡，該如何拿出來？」

蔣子龍笑著說：「你是怎麼放進去的，我就怎麼拿出來。您憑藉嘴一說就做到了這件事情，那我也就只好藉助語言了。」

艾倫．金斯伯格笑著說：「您是第一個猜出這個謎語的人。」

看起來很難的問題，其實這種可能根本就不存在，既然艾倫．金斯伯格可以藉助語言把母雞放進去，蔣子龍自然可以藉助語言把它拿出來。

6 巧妙利用一詞多義

一位銷售員去北京出差，到南京的時候，想要乘坐飛機去北京，但是擔心公司不給他報銷，於是就給部門負責人打電報說：「有機可乘，可否？」

經理看到電報之後，以爲是有成交的商機，於是就回電說：「可以。」

銷售員回來報銷費用的時候，部門負責人以級別不夠，拒絕報銷飛機票，銷售員就拿出了負責人的回電。

負責人只能給對方報銷了機票。

銷售員在這裡，巧妙利用了「機」的另一個意思——「機會」，讓部門負責人產生了誤解，從而最終讓自己獲利。

7 成語的字面意思

沙葉新接受邀請拜訪美國，有一位記者問他說：「您認爲美國好，還是中國好呢？」

沙葉新很淡定地說：「美國的技術很先進，但是有它的不足；中國的技術同樣不錯，但也有它的不足，這個呢，就叫做『美中不足』。」

沙葉新的話一說完，就贏得了會場的一片掌聲。

沙葉新很客觀地分析了中國和美國在技術上面的不足，同時巧妙地將這些總結成中國的一個成語，從而一語雙關，達到了好笑的效果，也維護了中國的尊嚴。

8 錯誤理解熟語

有一個學生去吃早飯，老闆給了他一碗很稀的粥。

學生笑著說：「這個都要兩塊錢，是不是有些太貴了？」

老闆笑笑說：「物以稀為貴嘛。」

老闆面對學生的質問，將物質的稀少的「稀」和稀飯的「稀」混為一談，藉助這個成語回答了學生，從而也揭示出了他的奸詐刻薄，這種方法雖然是不錯的方法，但是這種經商之道要不得。

9 善於用某個字的其他意思

有一個青年拜訪拜倫，他說：「爲什麼詩人要稱爲『人』，而作家、小說家都稱爲『家』？」

拜倫回答說：「詩人很浪漫，他們都要出去找靈感，所以不能用『家』來拖累；而且詩歌賣不了多少錢，所以無法成『家』啊。」

青年指的是「專家」的意思，而拜倫故意理解爲家庭，相同的字，有著不同的意思，當然拜倫的說法有點戲謔，但是也展示了詩人生存的艱辛。

10 讓時間回到過去

亞西比德與比他大四十歲的佩里克萊斯，探討如何才能治理好雅典的問題。

佩里克萊斯對於這個問題不是很感興趣，於是他非常冷淡地給亞西比德說：「想當年，我在你這個年紀的時候，我也是這樣說話的。」

亞西比德聽後說：「那個時候我要是認識您那該多好啊。」

亞西比德臆想出來的這個情況，肯定是不會發生的，但是他藉助自己想像出來的這個場面，反駁了佩里克萊斯的觀點，在幽默中改變了對方的觀點。

11 從對方問題入手

張敞和夫人的關係很好，甚至有時候會幫助夫人畫眉毛，知道的人都認爲張敞這樣做，丟盡了男人的顏面，就將這件事情報告了漢宣帝，說張敞違法亂紀。

漢宣帝聽後很生氣，責備張敞說：「你居然做出違法亂紀的事情？」

張敞則不慌不忙地說：「我聽說在閨房內，還有比夫婦之間畫眉毛還要丟人的。」

張敞在回答漢宣帝的問題時，沒有直接說夫婦之間的閨房之事，而是將此說成比畫眉毛還要嚴重，藉此消除了漢宣帝的怒氣，從而也揭露了告狀者的假道學面孔。

12 借助詩歌中的字詞

一個富翁宴請客人，酒席還挺不錯，但是席間的一盤發臭的甲魚和幾個又酸又澀的梨，讓客人大倒胃口。

這個時候，客人中的一位秀才說道：「世上萬般愁苦事，無過死別（鱉）與生離（梨）！」秀才的一席話，引來了大家哄堂大笑。

秀才巧妙藉助兩個字的諧音，從而達到了諷刺富人的吝嗇，說出客人的愁苦，收到了雙重效果。

13 將諧音包含在詩歌裡

蘇東坡因為各種原因，被貶到了黃州，有一天，和好友佛印和尚在長江上遊玩，正開心的時候，佛印將手中有蘇東坡題字的扇子掉進了水裡，於是他笑道：「水流東坡屍（東坡詩）。」

蘇東坡看著遠方，這個時候正好有一隻黃狗，在水中叼著一根骨頭，於是蘇東坡說：「狗啃河上（和尚）骨。」

蘇東坡和佛印和尚都是藉助諧音的方法寫詩和對方開玩笑，雖然詩句中有謾罵的語言，但是因為二人是很好的朋友，雙方就都沒有在意，在我們的生活中，這種語言不提倡。

14 延伸詞語的力量

有一次，一個年輕人對海明威說：「我聽說文人的胃口很好，在他們的筆下什麼都會吃：吃苦、吃力、吃醋、飲泣、飲恨、食言、吃官司、喝西北風、啃書本、咬文、嚼字……請問文人還有什麼不能吃？」

海明威聽後很篤定地說：「文人不吃軟、不吃硬、不吃眼前虧。」

海明威很好地從「吃」字延伸開來，講出了文人的「硬漢」精神，不僅達到了幽默的效果，同時體現了文人正直和向上的品質。

15 讓對方想你的語言

一個自認為學問了得的儒生，寫了一篇文章，然後去請教一位大儒，那位大儒看過他的文章之後，並沒有做任何改動，只是在後面寫上「高山打鼓，聞聲百里」幾個字。

那位儒生看到都是些表揚之詞，於是很開心。就把這個批語傳給其他的儒生看，其他儒生都很奇怪，他的文章寫得一般，為什麼能夠得到如此高的讚譽。

於是他們一起去問大儒，這是什麼意思。

大儒笑著說：「你們想想，打鼓發出的是什麼聲音？」

有人說是：「『撲通』的聲音。」

這個時候大家才明白大儒的意思。

大儒就是藉助這個「撲通」的聲音，從而告誡那位儒生應該好好讀書，現在他的文章還很一般，而且達到了幽默的效果。

16 相同字的不同意義

晉武帝剛剛登基的時候，就派人去占卜，想知道晉朝到底能走多遠、能傳幾代。但是令人沒有想到的是，占卜的結果居然是「一」。晉武帝見此非常不高興，認爲很不吉利，大臣們對此也不知道該怎麼辦。

就在大家驚慌失措的時候，侍中裴楷卻說：「我只聽說，天得到『一』就清，地得到『一』就寧，諸侯、帝王得到『一』，天下就安定。」

晉武帝聽到這句話，自然是龍顏大悅。

按照晉武帝的占卜結果，那就是晉朝只能傳一代，但是裴楷故意將話題引申到全國統一和天下安定上，排解了晉武帝的鬱悶，兩個「一」的解釋雖然是一個字，但是有著不同的意義。

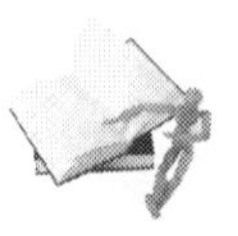

17 將對方的諧音繼續用下去

虞寄是個小神童，而且口才也很好。

有一天，有人和他開玩笑說：「既然你姓虞，那你肯定不聰明。」

虞寄笑著說：「你連『虞』和『愚』都分不清楚，那是你愚呢，還是我愚呢？」

面對對方的惡意玩笑，虞寄也將錯就錯，反而嘲笑了對方，虞寄藉助這種諧音的方法，反駁了對方，從而保全了自己的尊嚴。

18 曲解對方的意思

一九一三年，孫中山討伐袁世凱的二次革命失敗了，當時很多同志對革命前途很迷茫，有些人甚至想推算孫中山的八字，從而推算出他什麼時候再否極泰來，於是就委託馬世伯，想辦法得到孫中山的生辰年月。

馬世伯一碰到孫中山就說：「先生，能告訴我您的『八字』嗎？」

孫中山一聽對方的話，就知道了對方的意圖，於是非常嚴肅地說：「你們年輕人怎麼還相信迷信的這套把戲？既然這樣，那就回去告訴所有人，我的八字是『打倒軍閥，繼續革命』。」

孫中山這裡故意曲解對方八字的意思，將對方的生辰八字，解釋成「打倒軍閥，繼續革命」這八個字，既回答了對方的問題，同時也表明了自己革命到底的態度。

19 對方語言中的諧音

從前，有個秀才總是吹噓自己可以認識九萬九千九百個字，這些話傳到了一個不識字的漁夫耳朵裡，於是就請秀才幫他讀信。

秀才看漁夫的一副寒酸相，猜想對方不會給他什麼報酬了，於是很冷淡的說：「我的才學一字值千金，不知道你今天來帶來了多少？」

漁夫被氣走了。

後來村子裡淹了大水，秀才家被淹了，當時秀才看見漁夫駕船經過家門，於是呼救說：「救救我。」

漁夫笑著說：「不是我不想救你，只是你說過，你的才學一字重千斤（金），我的小船可載不了這麼重。」

在這裡，漁夫巧妙利用了「金」和「斤」的諧音，爲自己和所有窮人爭了一口氣，也讓秀才自食其果。

Chapter

第八章

看別人的笑話，讓自己不被人笑

笑話都是來源於生活的，很多笑話中的笑點，其實就是主角的糗事，這些笑話在讀後都可以再次品味，如果在生活中遇到類似的問題，我們就可以避免自己鬧出這樣的笑話了。

1 老邁的消防車

有一個油井失火了，於是人們打電話叫來了消防隊，但是火勢實在太大了，就連消防員也沒有辦法接近，他們只能在幾百公尺之外進行滅火工作。

這個時候，公司管理員請來的一支業餘的消防隊也到了，他們破舊的消防車，發出了突突突突的老邁的聲音……他們的車子一直開到離火源只有五十公尺的地方才停下來，消防隊員一把抓住水槍，然後開始救火，他們迅速的動作滅掉了大火。

為了表彰他們的行為，公司經理給他們發了兩千塊錢的獎金。

有人問隊長，這些錢該怎麼安排花掉。

隊長考慮都不考慮地說：「首先要做的，就是把這消防車的剎車修好，要不然下次還會把我們帶到火坑裡。」

笑過之後思索多

人的一生看著很長，其實是很短暫的，世間的事情複雜多變，有些是人無法掌握的。一個再謹小慎微的人也會犯錯誤，也沒有辦法避免走錯路，這些都是可以理解的，但關鍵是，一旦走錯了路，就要懂得懸崖勒馬，要懂得即時改正，要不然在錯誤的路上走下去，就如同把自己送進火坑裡一樣。

上面的故事非常好玩，消防隊員的車子出了毛病，因爲刹車失靈，所以他們更加接近火源，好在是他們的車子終於是停住了，但是眼前的火勢給他們帶來了很大的壓力和挑戰，他們必須拼命救火，才能夠保障自身的生命，這種教訓是深刻的，所以他們事後立刻決定彌補。

2 附近有鱷魚的警示牌

以前有一個眼睛近視的旅客在河邊漫遊，他看見河中豎著一塊牌子，但是他看不清上面寫的字，他感覺到很好奇。

於是，他脫下鞋子和衣服，游到河中央想要看個究竟，等他到牌子跟前，才發現上面寫著：

「此處有鱷魚，請不要接近。」

笑過之後思索多

好奇心應該要有，但不應該太強，要不然會造成超出自己想像的後果，它甚至可以將你引入一個十分危險的境地，等到你明白過來了，一切的一切都已經來不及了。

所以，當我們在走自己的路的時候，最好不要試探性地，去找那些和自己沒有關係的事情的原因，探險並非那麼好玩。人一生的精力有限，能做好自己的事情已經實屬不易了，其他的事情就最好不要去干涉。

「事不關己，高高掛起」，這包含著一定的道理，只要正面的利用這個道理，可以爲我們省下不少的體力和精力，將那些干擾自己計畫的事情，將那些過分的好奇心全部都「高高掛起」，這樣可以很好地避免不必要的麻煩，可以免除我們陷入困境。

上面故事中的那位近視眼遊客，就是因爲自己的好奇心太重，導致自己陷入了鱷魚潭的倒楣境地，不過他可沒有辦法抱怨別人了，因爲這些都是他獵奇的後果，他是自投羅網。

其實，探險獵奇是一種在閒暇的時候做的消遣活動，另外，即便是做，那也應該對對方摸查清楚，做好十足的準備，而不是盲目地去做，如果自己沒有任何的把握，沒有任何的計畫和瞭解，這種做法就實在是不明智的，它會將我們送入險境之中。

3 連鎖反應

一個男子半夜了給醫生打電話，說：「大夫，快救救我的兒子，他得了猩紅熱。」

「我知道這個情況，昨天我就看過他了，你當時不在家，把他隔離，不要讓他和家裡其他人接觸。」

「這個，他已經不小心吻了女僕了。」

「這個的確有點糟糕，那你把她也隔離吧。」

「但是我也不小心吻了女僕，大夫。」

「那就不好辦了，先生，你也需要隔離了。」

「現在最糟糕的是，我已經吻過我的老婆了。」

「什麼？」大夫在電話的那頭大叫了起來：「那看起來我也被感染了。」

笑過之後思索多

一個人在日常生活中，不管做的是大事情還是小事情，其實都不是孤立存在的，這和其他事情都有一定的聯繫，也很可能爲之後的生活埋下伏筆，因此做事之前，尤其是做一些出格的事情之前，一定要考慮清楚後果，如果沒有很大的必要，就不要圖一時的爽快，爲自己的以後生活埋下禍根。

在我們的現實生活中，總是有一些驕傲的人對此抱無所謂的態度，毫無顧忌，他們認爲自己不會做錯事情，他們是百毒不侵的，他們在做事情之前，甚至都不考慮一下，等到報應來臨的時候，那就只能接受糟糕的事實了。

4 在衣服裡邊的小張

有一天，小張正準備出門，這個時候鄰居問他說：「哎呀，小張，昨天晚上你們家在幹什麼啊？我聽到一個很重的聲音從樓梯上滾下去了，聲音實在是很大啊。」

小張說：「昨天晚上和我老婆吵架，我就狠狠教訓了她，她就有點怕了，拿我的衣服出氣，衣服估計從樓梯上往下滾的時候，發出了聲音打擾了你們，眞是不好意思。」

鄰居對此很驚訝：「衣服掉下樓梯，怎麼可能發出那麼大的聲音？」

小張有點不耐煩了，他說：「能不能別問了，衣服往下滾的時候，我正好在那件衣服裡邊。」

笑過之後思索多

在很多場合下，我們爲了自己的面子，會盡力掩飾自己的糗事，但是因爲各種原因，掩飾變得徒勞，如果被別人發現了他的掩飾，這就會成爲人們之後的笑柄，最後不爽的還是自己。

其實，這種做法眞的是得不償失，他們自欺欺人的做法，最終受害的還是自己，他們遮遮掩掩的做法，除了讓別人看著疑慮之外，就沒有其他用處，他們絲毫不能掩蓋自己的糗事。

5 倒楣的男子

有一個男人的母親和他的老婆又吵架了，這個男子有點膽小，他既不敢惹怒母親，又不敢招惹妻子，於是一個人躲在院子裡不說話。

但是對於屋子裡正在發生的戰爭，他也很擔心，他特別想去打聽，於是就讓兒子給他打探，然後再向他彙報。

一會兒，兒子跑來說：「現在是媽媽佔有優勢。」

這個男子心裡想：「哎呀，完了，過一會兒又要挨罵了。」

過了一會，兒子又來彙報說：「現在是奶奶佔有優勢。」

這個男子更懊惱了，心裡想：「晚上肯定要挨老婆的打了。」

笑過之後思索多

生活中有很多人，他們總是受到周邊的環境或者別人的影響，他們沒有辦法抵抗，甚至他們也不想反抗，他們只是被動的接受，接受這種打擊。

上面故事中所講的，就是一個由自己的母親和妻子所控制的男子，不管是她們兩人誰占了上

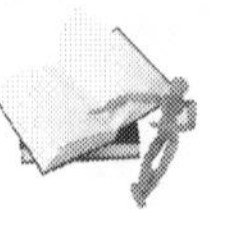

風，他總是要受到另一方的打罵，他處在夾縫中。

做人一定要有最基本的尊嚴，尤其是男人。如果在家中沒有任何的地位，那又有什麼尊嚴可言呢，在外邊就可想而知了。我們所生活的客觀條件制約著我們，我們不得不服從一些既定的規矩，但是這種規矩是有一定的限制的，如果完全被動，甚至連起碼的尊嚴都沒有，這就有點說不過去了。

很多人都在感歎，他們認爲不是爲了自己在活，但是最終受累的還是自己，既然這樣，就可以下定決心來改變了，給限制自己的人或者事物敲響一記警鐘，眞正地做回自己。爭取一些主動，爲自己考慮一下，爲自己打算一下，這樣事情就會得到很大的改觀。

6 不同的來電提示鈴聲

老趙雖然已經四十多歲了，但是卻還有著一顆童心，他剛剛買了一部新手機，而且將儲存的所有電話，都設置了不同的來電鈴聲，這樣別人打來電話，老趙不用看，就已經猜到是誰了。

週末的時候，老趙和幾個同事一起，去公司附近的一家酒店聚餐，菜還沒有上來的時候，老趙的手機就發出了一陣歡快的小夜曲，老趙趕緊給大家道歉說：「是朋友打來的。」於是他接了電話。

等到菜都上齊了，幾個人有說有笑的吃起來，此時老趙的手機響起了節奏緊張的進行曲，歌聲迴想在房間裡，有個朋友的悟性很高，於是笑著說：「老趙啊，嫂子給你打來電話了，快點接吧，要不然眞的就要到最危險的時刻了。」老趙不好意思地笑了笑，默認了同事的觀點。

他們繼續邊吃邊聊，慢慢就談到了公司的事情上來了，大家都對公司人事部的胡主任有點不滿，尤其是老趙，話題剛扯到胡主任上，老趙就開始大罵特罵，恨不得將胡主任大卸八塊，就在大家聊在興頭上的時候，老趙的電話又響了起來，這是一個脆生生的兒童的聲音：「爸爸，接電話。爸爸，快接我的電話！」大家都被這特殊的鈴聲逗笑了，大家都在猜，這回肯定是老趙的兒子打來的電話，誰知道老趙乾咳了一聲，然後接了電話：「喂，胡主任，你好……」

笑過之後思索多

人們對於自己無法做到的事情，不管是處於心理還是面子上的緣故，通常都會藉助其他的方式來滿足。

只不過限於各種條件，很多時候，能讓自己得到很大的快感，又讓對方難受的機會並不是很多，那該怎麼辦呢？很多人在不得已的時候，就會選擇可笑的方式，讓自己得到一定的心理安慰，但是因爲這些都是虛弱的反抗，只不過體現出了自己虛弱無力的本質，甚至會讓別人認爲是卑鄙。

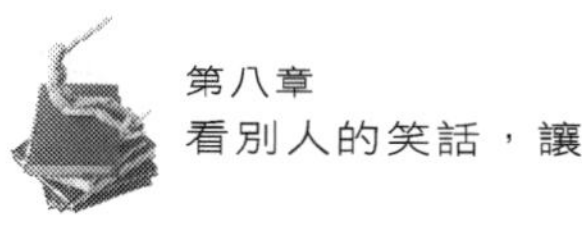

7 廣告的力量改變天堂和地獄

某著名的傳媒大亨離開了人世，他來到了天堂的門口，聖彼得出來迎接他。

「先生，鑒於您在世界範圍內所作出的貢獻，我們給您選擇天堂或者地獄的權利。」緊接著，聖彼得大手一揮，在大亨的面前出現了兩個畫面，這是一個很大的空間，任何事物都是沒有生命的白色，不管是老人還是年輕人，都死氣沉沉的，沒有一點活力，整個場面一片蕭條；另一邊則是斑斕的色彩，每個人的臉上都洋溢著滿足的笑容，整個場面也是顯得非常繁華。

聖彼得很淡定地說：「白色的是天堂，後面那個色彩斑斕的是地獄，你自己選擇吧。」

大亨對比了一下兩幅畫面，然後說：「我要去地獄，我就選地獄了。」

「您肯定嗎？」

「當然，非常肯定。」

「既然您這樣決定，那就這樣吧。」說完，聖彼得大手又一揮離開了大亨，然後出來了六個小鬼，他們抬起大亨朝著一口滾燙的油鍋跑去。

大亨看到這一幕大叫了起來：「怎麼和我剛才選擇的不一樣，你們這些騙子！！！」

「不好意思，先生，你剛才看到的是廣告。」聖彼得的聲音迴響在空中。

笑過之後思索多

生活充滿著變幻莫測的效果，經常會在我們的面前，展現出它的迷人和絢麗多彩來，它在我們的面前閃閃爍爍，讓我們心癢、手癢，總是想要伸手去觸碰，或者乾脆將其占爲自己所有。

然而，這些看上去精彩的東西，到底是我們夢想中的寶貝，還是虛假的東西，還是僞裝起來的陷阱？這些可能性都是有的，我們需要在行動之前進行瞭解，瞭解清楚了，做法就不會錯。要不然，在不明不白中貿然前去，或許自己就會遭受到嘲弄。

上面故事中的廣告大亨，就吃了這樣的虧，他搞了一輩子的廣告，到頭來卻栽倒了廣告上。他看見的那種色彩斑斕的地方，其實是被製造出來的假像，可他沒有做任何的調查，就按照自己的精明做出了選擇，結果是上當了，而且後果很慘。

透過這個故事，我們可以得到一些啓發，在現實生活中看到的非常漂亮的景象，或許就是虛假的。對於自己的美妙夢想，我們又具體瞭解多少呢？如果我們處於一種被欺騙中，又該借助怎樣的辦法，讓那些虛假的東西現出原形呢？

生活往往只給我們疑問，很少給我們答案，自己求解的過程，就是生活中的一部分，我們需要在這個過程中，學會生活的技巧和生存的本領，只有努力做到這一點，才不會被那些所謂的「精明」所欺騙。

8 沒有扣扣子的上校

有一位上校，對於他手下的士兵的儀容看得很重要。

有一天，這位上校看到一個士兵的著裝非常不規範，於是對他吼道：「過來，告訴我，你的上衣口袋的扣子為什麼沒有扣？」

這位士兵有點被嚇傻了，他說：「長官，紐扣的確應該扣好。」

上校說：「很好，那你還不動手。」

「好的，長官。」士兵顫顫抖抖地伸出手，將上校上衣口袋的紐扣扣上了。

笑過之後思索多

在某些場合下，人的身份和地位有著一定的區別。但這並不代表他們可以因為這些優越條件而表現得比別人更強，自然也更不意味著，他們可以藉助這些優勢，對別人指手畫腳，更不能做別人的一面鏡子，照出對方的缺點，然後讓自己得意。

事實上，那些擁有這種不正常的心理狀態的人，他們所謂的優越條件，不僅不能使人顯得優秀，相反會給自己的眼睛和大腦蒙上一層布帳，以至於能夠想像到別人的缺點，但是永遠看不到

自己的缺點，總是認爲自己是完美的。但實際上，任何的事情如果處於一種放任自流的狀態，都會逐漸開始出現衰敗跡象，一個人如果不做出自查、自修的行爲，他的毛病就會愈加顯露，做任何事情之前，的確應該先審視自己，因爲自己可能做的遠不如別人。

就像上面故事中的上校，以爲自己是上級，就能將事情做得無可挑剔了，整天只知道挑下級的毛病，然後他作爲一面鏡子，並不是很乾淨，而是需要別人來擦乾淨。

唐朝的時候，有一位著名的諫臣叫魏徵，他去逝的時候，唐太宗李世民大哭起來，聲稱自己失去了一面很好的「鏡子」，作爲一代明君，能夠將大臣作爲自己的鏡子，實在是很難得的一件事情，這也爲後人做了榜樣，值得後人學習。做任何事情之前，先考慮一下自己做得好嗎？然後再去找出別人的毛病。

9 請道士超度的故事

趙二的父親剛剛離開人世，他想找一個道士給亡父超度一下，可是道士一來就索價一千元，趙二殺價到七百，道士同意了。

於是道士暗誦道：「某某人，一路往東！一路往東！」

趙二對此很驚奇，於是問道：「為什麼不是西天呢？」

道士說：「七百元只能往東了，一千元才能夠到西天。」

趙二沒有辦法，只好補了三百塊錢，道士就改口道：「某某人，一路往西！一路往西！」

這個時候，聽到棺材裡趙二的父親大聲叫道：「你這個不孝的兒子，為了區區三百塊錢，讓我跑東跑西的。」

笑過之後思索多

現實生活中，有些人在該大方的地方還小氣得要命，結果讓自己沒有省下錢，反而招惹了別人不高興，最後事情也辦得一塌糊塗。

雖然人的自私本性，決定人做事情不可能隨便大方，但是在某些比較關鍵的時刻，一定不能

小氣，因爲小氣很容易耽誤了事情。而且這種做法，可能會讓原本皆大歡喜的事情，最後不歡而散。該大方的地方一定不要小氣，當然，應該節省的地方，還是不要浪費最好。

10 扣掉了繩子的錢

有一個來自加州的財主，對生活產生了厭倦之情，他決定上吊自殺，來結束這一切。

正當他雙腳懸空吊在空中，眼看著就要死的時候，他的僕人突然從外邊進來，剪斷了繩子，救了他一命。

到了月底結算工錢的時候，救了財主命的這位僕人，接過自己的工資之後數了數，卻發現少了五美分，他就問老闆這到底是怎麼回事。

老闆說：「我扣了你一根繩子的錢，我上吊用的繩子本來是好好的，現在被你剪斷了，之後也沒有辦法用了，所以只能從你的工資裡面扣除了。」

笑過之後思索多

現實生活中，一些人的思路，無法按照正常人的思維方式去思考，他們的做事規律，總是讓人摸不著頭腦，他們往往可以將別人都不在意的細節問題看得很重，甚至於大做文章，他們會將所有的事情放在這個細節上進行核算，當然，核算的最終結果，是將好處全部歸給自己，他們也不在乎這樣做是不是對別人公平。

就像上面故事中的這位加州的財主，他在算帳的時候，只記得僕人剪斷了一根繩子，卻全然忘記了僕人救自己的事實，他的這種算帳做法，實在是讓人啼笑皆非。

我們再來看一個和這個財主有一拼的人。

曾經有一個身患絕症的加拿大人，他按照醫生的吩咐，乘車趕回自己的老家。火車每到一站的時候，他都會下去買票，儘管他連站立都很困難了。

「您爲什麼不直接買回家的車票呢？」很多人不解的問他。

「倘若我死在半路的話，還沒有坐的車錢豈不就白花了。」他對那些人說。

是的，如果他還沒有到家鄉就死亡了，那麼他預付的車票錢，的確是白白浪費了，他們思考問題的方式就是這樣，別人拿他們也沒有辦法。

11 帽子沒有找回來

有一個小男孩，和他年邁的外祖母走在大海邊上。

突然的一個巨浪打來，這個小男孩被捲進了海中，老太太沒了主意，於是跪地祈禱，乞求上帝能夠帶回他的外孫。

不到一會兒，又一個大浪打來，小男孩被沖到了岸上，落在了老太太的面前。

這位外祖母仔細檢查了一遍外孫，發現他毫髮無損，不過，她還是很生氣地朝老天瞪了一眼，說：「我外孫的帽子呢？」

笑過之後思索多

我們小時候幾乎都聽過《漁夫和金魚》的故事，這個由偉大詩人普希金加工的故事，顯然已經跳出漁夫和金魚的恩怨關係，更蘊含了一定的人生道理，其中很重要的一條，就是對貪婪和無法滿足的欲望的批判。最後，金魚實在忍不住，給了那個不知道感恩又貪得無厭的老太婆一個懲罰：讓她失去所有她已經得到東西，讓她繼續過窮光蛋的生活，相信這是對貪婪的人最嚴厲的懲罰了。

自私和貪婪是人的天性，每個人身上或多或少都會有一些，至於是多少，就要區別於這個人的心態了。有的人常懷敬畏之心，對一切的恩賜都會感激，都會心存善念，他們有需求，但是他們並不貪婪，自然也不會無所顧忌地索取；還有一種人則不同，他們對任何事情沒有敬畏心，甚至沒有廉恥心，他們會無情地攫取一切能夠佔有的東西，就算是對自己沒有得到東西也會耿耿於懷，心中總是存有惡念。

後者可能在短期內能夠得到現實的好處，但是從長遠來看，這種人的貪婪是一種致命的毒藥，這種貪婪之心，不僅能夠引起他因一時無法得到而引起的痛苦，還會爲他之後的生活帶來更大的陰影。

在前面講過的那個故事中，看起來是一個童話故事，但其實也說明了這個道理，從老太婆憤怒的索要失去的帽子的行爲來看，這個貪婪的老太太，在生活中肯定也是一個貪婪的人，她在生活中有著不太好的心態和人緣。

12 精明的古董商和農民

有一個古董商到外地去旅行，希望自己有些好運氣，可以帶來一些稀有的東西。

有一天，這個古董商在一個農民家吃飯的時候，發現了一個稀世珍寶，那是一個中世紀的小碗，但是這只碗卻被主人用來給貓盛牛奶。

古董商很興奮，認爲自己的好運氣到了，於是他裝成不在意的樣子對農民說：「我特別喜歡貓，能把這隻貓賣給我嗎？」

「一點問題都沒有。」農民爽快的答應了他的條件，而且要了一個比較離譜的價格，古董商答應了，並付了錢。

接著古董商繼續裝做不在意的樣子說：「我想把這只碗也帶走，因爲小貓應該已經習慣了在這個碗裡邊吃東西。」

「哦，那可不行。」農民說：「從前年開始，我就靠這個碗賣掉了一百多隻貓了。」

笑過之後思索多

一些行業中的老手，總是喜歡把外行人當做傻瓜，他們認爲這些門外漢是非常好糊弄的，於

是他們利用別人的不懂來攫取利益。

然而，並不是只有內行懂得這一行業的秘密和門路，內行們可能瞭解了某個行業的竅門和秘密，但是別人未必就是笨蛋。如果這些內行們不惜以自己的「專業知識」，來打別人的歪主意，那麼他們必定會遭受到懲罰。

就像上面故事中的古董商，他們認爲這些外地的農民什麼都不懂，隨便使用一些小計策，就可以輕鬆搞定，但是他的行爲早已是被對方洞穿，眞正吃虧的反而是那些內行人物了。

在這個世界上，大家的智商都差不多，沒有誰比誰傻的，如果總是想用自己的小聰明占別人的便宜，到頭來吃虧的終歸是自己。

13 真的被吐了一口

有一個吝嗇鬼到酒吧裡去，要了一杯啤酒。

喝到一半的時候，他突然想上廁所，但是他又擔心他走後，有人偷喝他的啤酒，於是他就向服務生借來了紙和筆，在紙上寫道：我在杯子裡吐了一口痰。

寫完之後，他就放心地去廁所了。

上完廁所回來之後，他看到自己的酒還在，就很開心，但是他卻發現紙條上多了一行字：「我也在裡邊吐了一口。」

笑過之後思索多

生活中，總是會出現白忙一場的情況，這種情況到頭來還是讓人很不爽快，而且有些事情是之前在自己的頭腦中設計好、規劃好的，但是最終的結果卻和自己的想法完全不同，顯然這是令人頭疼和傷心的，那麼，這些都是什麼原因造成的呢？

其實透過客觀的角度來推斷，主要的原因還是出在自己的身上。很多時候我們都認爲自己很聰明，總是用自己的小聰明去戲弄對方，在這種心態下的小聰明，自然不能奏效，而且顯得很愚

蠢。他們最終也會遭到懲罰。

就像上面故事中那個吝嗇鬼，雖然他的這種做法有點多慮，但是明顯帶著個人主觀色彩，他認爲別人都和他一樣，喜歡占別人小便宜，沒有想到他的小聰明，最終讓自己自食其果。

14 比邱吉爾重要的小費

有一天，英國前首相邱吉爾要去下議院演講，路上他叫來了計程車，於是他對司機說：「我大概一個鐘頭就出來，你最好能夠在這裡等我一下。」

「實在抱歉，先生。」司機回答說：「我馬上要回家了，邱吉爾的演講馬上要開始了。」

邱吉爾聽了對方的話後很開心，於是他重重賞了對方一筆小費。

沒有想到，那個司機說：「我還是在這裡等您吧，管他什麼邱吉爾。」

笑過之後思索多

任何人都喜歡聽別人誇獎他，尤其是當面誇讚他的時候，他們更會飄飄欲仙，有時候甚至會得意忘形。

可是，對方說出的話，有時候並不是發自內心的，自然得意的人也應該小心了，或許我們沒有我們想像的那麼重要。

要永遠記住，在你最得意的時候，也就是你最傻的時候，是你喪失理智的時候，在這個時候，別人的一句眞話，就會像一盆冷水一樣澆醒你。

就像上面的故事，邱吉爾聽到別人要趕去聽自己的演講，非常開心，但是在小費的面前，對方卻放棄了他的演講。

15 酒醉如何回家

趙胖和老張領到了工資之後準備去喝酒。

趙胖在走之前有些擔心，他說：「我的妻子很厲害，我要是喝醉了，估計就進不去門了。」

老張給他出了個主意，他說：「我一般喝醉了，就將衣服脫光，然後再按門鈴，當妻子一開門，我就把衣服全部都扔進去，她不忍心我一絲不掛，於是就讓我進去了。」

趙胖準備按老張的計策去做。

第二天上班的時候，老張問：「昨天晚上你的妻子是怎麼對你的？」

「不要再提了，我和你一樣，走到門口脫了衣服，然後我將衣服扔進去……這個時候聽到一個聲音說：『請留意，現在要關門。下一站人民廣場站。』」

笑過之後思索多

醉漢沒有對具體情況調查好，就急著做出了行動，結果是鬧出了一個大笑話，在我們的生活中，同樣會有很多這樣的問題。

想要做成一件事情，一定不能著急，更不能盲目地去決定。先要查清事情的眞相，然後才能

夠穩操勝券，但是這個道理並不是所有人都明白，他們一遇到事情，就恨不得立刻弄個水落石出，可他們這種著急的心態，只能是讓事情變得更加糟糕。

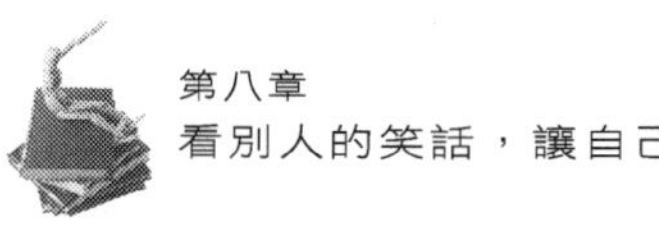

16 找不到回家路的人

有一個丈夫，對妻子的貓實在受不了了，於是終於瞅準機會，把貓丟進了樹林裡，但是等他回到家的時候，卻發現貓已經在家了，而且還做出很安逸的表情。

丈夫當時氣壞了，於是把貓再次裝進痲袋準備扔出去。他繞了很多路，然後在離家大約十幾公里的地方，打開痲袋把貓放了，然後就自己回家了。

過了大概有一個小時之後，他給妻子打電話：「貓現在回來了嗎？」

「大概十分鐘前就回來了，怎麼了，親愛的？」

「你讓這個畜生接電話，讓它告訴我該怎麼回家，我迷路了。」

笑過之後思索多

很多人認爲自己無法融入這個社會中，這一點其實並不是因爲自己太笨了，也不是因爲自己適應能力不夠，而是因爲太過於聰明了。他們經常會因爲一點小事，然後大張旗鼓地自作聰明，結果將自己置入了一個迷宮之中，他們是有本事進去，卻沒有本事出來的那種人。

上面那個故事中的丈夫，就犯了著這樣的錯誤，他試圖透過複雜的路徑讓貓迷路，但沒有想

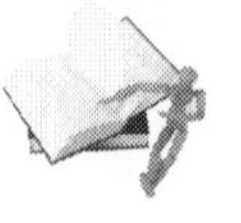

到的是，反而自己找不到回家的路了，在整個故事中，問題就出在這裡，他太過於低估了貓的適應能力和分辨能力，卻對自己的聰明程度過於高估了。

17 喇叭和槍支搭配著賣

美國是個對槍支不嚴加管理的國家，曾經有一個賣槍的人，因爲小鎮的治安太好，開始兼賣喇叭。

有一天，有一個人來買了一個喇叭，結果第二天就有三個人來買槍；後來他又賣出了一個喇叭，結果第二天又來了買槍的人，在好奇心的驅使下，他向買槍的人打聽原因。

客人說：「我要殺了那個吹喇叭的，晚上吵死人了。」

笑過之後思索多

做了自己認爲爽的事情，結果影響到了別人，激起了對方的憤怒之情，這其實也是對自己不好。世界上的任何人都不是獨立存在的，做的事情自然會影響到別人，所以任何時候都要小心行事，不要一不留神，就成了別人報復的目標。

就像上面故事中買喇叭的人，他們無所顧忌地在晚上吹喇叭，竟然惹得別人準備買槍幹掉他，故事看起來有些誇張，但是卻包含著一定的道理，警示意義是不能忽視的。

18 被推下去的勇敢者

美國的德克薩斯州有一個富翁，他在自己的家中挖了一個大池子，然後在裡面養了很多兇猛的水蛇和鱷魚之類的動物。有一次，這個富翁在家中舉辦聚會，他把客人領到水池旁，對眾人說：「如果誰能夠從水池的一邊游到另一邊，我就會給他三個優厚的獎勵任他挑選，第一，一百萬美元；第二，一萬畝的土地；第三，將我的女兒嫁給他。」

富翁的話還沒有說完，就有人撲通跳了下去，幾乎是用世界上最快的速度游了過去。

富翁看到這一幕，也在感慨世界上有這樣勇敢的人，於是富翁決定兌現自己的諾言。

富翁問道：「你是要一百萬美金嗎？」勇敢者搖了搖頭。

「那你是要一萬畝土地了。」誰知道那個勇敢者也是搖了搖頭。

「哦，看起來你是喜歡我女兒，要娶我的女兒了？」勇敢者還是搖了搖頭，富翁有點生氣了，他說：「這三個你都不要，那你到底要什麼？」

這個勇敢者說：「我只想知道，是哪個混蛋把我推下去的。」

笑過之後思索多

人的積極性，能夠被別人所調動起來，這取決於利益的誘惑力夠不夠，就像馬克思曾經說過的，當利益的回報率達到一定程度時，就會有人不惜鋌而走險。

就像上面的故事，在利益的誘惑下，能夠激發出一個人的無限潛能，但是只要是這些利益很有可能吞噬自己的生命的時候，他們還是會斷然喊停，會被自己的理智所制止，就像上面故事中的勇敢者，他之所以跳入水池，並不是因爲受到了金錢、土地和美女的誘惑，而是因爲不小心被人推下去的，所以他上岸之後的第一件事情，就是要找到那個推他的人，其他的就已經顧不上了。

19 老媽傳授的絕招

趙大明新婚燕爾，有一天晚上，老婆正在廚房裡給他們準備著晚餐，趙大明非常體貼老婆，就想著幫助老婆做一些家務事，於是就對老婆說：「親愛的，你休息一會兒吧，我幫你做。」

老婆看了一眼趙大明，於是說：「看你笨手笨腳的樣子，你就做點簡單的吧，幫我把洋蔥的皮剝掉。」趙大明認爲這個很簡單，誰知道還沒有到一半，就被嗆得鼻涕、淚水全流了出來。這個時候他才知道，任何簡單的事情都不是那麼簡單，他又不好意思向老婆請教，於是就給自己的老媽打電話。

老媽說：「這很容易嘛，你在水中剝不就得了。」於是趙大明按照老媽的辦法，果然順利完成了老婆交給的任務，於是非常開心。

然後他又偷著給老媽打了一個電話，他說：「您的方法的確是很不錯，只不過是人有點累，要時不時出來換氣。」

笑過之後思索多

在我們的生活中，沒有人是萬事通，他都有專屬於自己的一塊領地，自然也就有自己不知道的地方，因此，我們要想把事情辦好，就需要向別人請教。

但是在請教的過程中，由於自己對這一些問題太過於陌生，或者對方對此太過於熟悉，未必能夠完全領會對方的意思，這個時候就需要我們更加虛心地繼續請教，以求讓事情得到一個圓滿的解答，如果是因爲面子問題或者其他的原因，沒有懂而硬說自己懂了，結果肯定會讓自己大吃苦頭的，就像上面故事中那個剝洋蔥的趙大明一樣，竟然將自己整個泡進水中，實在是讓人哭笑不得。

上面故事的錯誤，畢竟只是生活的一個小插曲，但是如果在大事上也這樣處理，肯定會給自己造成大禍。

20 大學生的擠牛奶方法

有一個大學生，在暑假的時候到叔叔家的農場裡打工。有一天，叔叔讓他去擠牛奶，並且交給了他一個板凳，問他會不會擠牛奶。

大學生很自信，他說：「我可是大學生啊，我什麼不會？」

過了不知道多長時間了，他終於回來了。

叔叔很詫異地說：「怎麼需要這麼長時間。」

大學生出了一身臭汗，他回答說：「擠牛奶倒是很容易，關鍵是讓乳牛坐在凳子上，實在是一件麻煩的事情。」

笑過之後思索多

生活中總有一些人，認為自己很能幹，他們也自恃高明，即便是對於他們一竅不通的事情，也不願意向別人請教，而是按照自己的一套做事方法去處理。

顯然，按照他們的方法去做事，原本很簡單的事情，就會變得複雜而麻煩，其中的原因並不是因為他們太笨了，主要是因為他們的大腦實在是太聰明了，以至於將所有的事情都複雜化了。

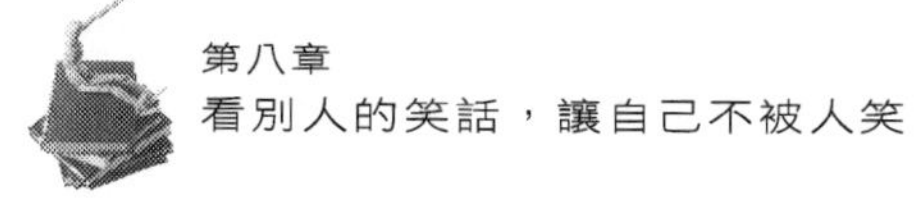

就像上面故事中的大學生一樣，竟然可笑地想讓乳牛坐在凳子上，叔叔給他的凳子，實際上是讓他坐的，而他卻當成了擠牛奶的工具，結果大家都能猜到，肯定會讓叔叔笑死了。

其實，生活是很簡單的，用最簡答的方法就可以處理好，有些人之所以讓自己那麼累，就是因爲他們把原本簡單的事處理得非常複雜，是他們的腦子太過於複雜了。

21 準備退休的老工人

有一個年紀很大了的建築工人正準備退休，他對自己的老闆說，他要離開這個工作單位了，想要回家和自己的家人享受天倫之樂。

但是，他的老闆捨不得讓這麼好的工人走，於是就對他說，能不能幫助他再建最後一個房子，老工人答應了他的要求，但是大家都知道他的心已經不在工作上了，幹得工作自然也是很粗糙。

房子建好了之後，老闆就將大門的鑰匙給了他，然後說：「這個就是你的房子，」他說，「這個是我送給你的禮物。」老工人很震驚，也很羞愧。

笑過之後思索多

現在的社會中有些不正之風，只要是別人的事情，就會馬馬虎虎、不認眞，但如果是自己的事情，就會做的很認眞。

因爲很多人都認爲，別人的事情，能說得過去就可以了，沒有必要那麼費勁，況且即便是耗時耗力的去做了，也未必能夠得到相應的回報，有點吃虧的感覺，所以他們就會很不認眞，草草

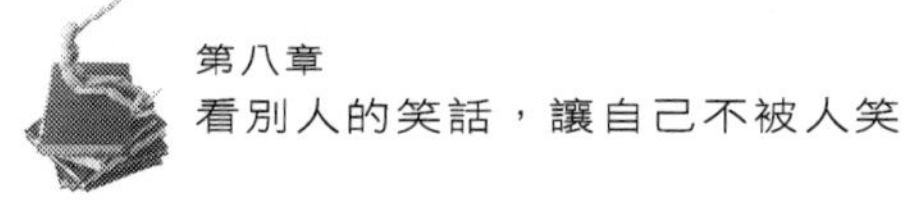

交差了事。

但有時候事情並不會像自己想的那樣發展下去。就像上面故事中的那個老建築工人，他認認眞眞、負負責責的幹了一輩子，到最後卻沒有認眞，也犯了耍小聰明的毛病，沒有想到自己造的最後一個房子是給自己的，這件事情肯定會讓他後悔很久。

22 自願上鉤的「魚」

有一天，有人看見一個人拿著一面鏡子站在水中，於是他就問道：「請問，你站在水中在幹什麼？」

「我是在釣魚啊。」

「好特殊的方法啊。」

「是的，這是我最新發明的釣魚的方法。」

「你能夠把這種方法的訣竅告訴我嗎？」

「可以，但是你要支付二百塊錢。」

那個人有著很強的好奇心，於是答應了對方。

「是這樣的，」釣魚人開始解釋說，「你用鏡子對著水面，看到魚兒游過來的時候，就用鏡子的反光對著他，這樣它就被嚇昏了，就可以把它撈起來了。」

那個人非常生氣，說：「簡直是胡說八道，你這樣總共釣了幾條魚了？」

「算上你的話，已經是第五條了。」

笑過之後思索多

現實生活中有很多誘惑，自然也有很多陷阱，這些結合在一起，就形成了一個魚鉤，在社會這個大海洋中，許多人都會慢慢上鉤，吃下去就成了吐不出來的致命的鐵鉤。

其實，好奇心是驅使人們上當的力量，那些拋下魚餌的人，其實也是藉助了他們的這種心理，然後玩出一些令人難以辨別的把戲，其他人就會很容易上鉤，成爲了他們的鉤上之魚，等到醒悟的時候，就已經有點遲了，也只得讓別人擺佈了。

23 被蒙在鼓裡的老婦人

有一個很古板的老婦人，她第一次喝啤酒，喝了一口之後，她說：「奇怪啊，味道怎麼會和二十多年來，我丈夫喝得藥是一個味道的。」

笑過之後思索多

生活中有很多事情的眞實面目，未必是和表現出來的相符，這個問題很少有人能夠想得到，更不要說去追查了，對於人們來說，已經習慣了的東西，就會被他們認爲是理所當然的，絲毫都不會去懷疑。

然而，一些偶然的機會，讓這些看起來眞實的東西的眞實面暴露出來，從而引來人們的驚訝：「原來如此啊！」心頭自然會生出一種上當受騙的感覺，他們也只有懊惱了。

那麼，爲什麼人們在之前沒有發現這些事情的可疑之處呢？當然不是因爲這些事情是無懈可擊的，而是因爲人們被蒙蔽太久，已經失去了追查事情眞相的訴求，他們已經將這種謊言融入了自己的生活中。

就像上面故事中的老婦人，她的丈夫將酒說成是藥已經二十多年了，老婦人估計在某一次丈夫沒有喝的時候，還要提醒他去喝，這實在是讓人接受不了。

24 小偷的精心佈局

一對剛剛結婚的年輕人，收到了很多朋友寄來的結婚禮物，有的很貴重、也有些很實用。但是其中有一封信，只寄來了兩張電影票和一張小紙條，在小紙條上寫著：「猜猜我是誰呢？」

這對夫妻想了很久，也沒有猜出這個送給他們電影票的人是誰，他們想不出之後，丈夫提議說：「算了，我們不用想了吧，既然人家是好意，那麼我們一起去看電影就是了。」

等兩人看完電影回到家的時候才發現，他們的家中被洗劫一空，很多貴重的東西都丟失了，最後還在桌子上留了一張小紙條，上面寫著：「猜出我是誰了嗎？」

笑過之後思索多

那些想打別人壞主意的人，總是以善良人的面目出現，他們會投你所好，甚至會給你一些好處，等到你迷失方向的時候，就會在暗中搞破壞。

就像上面故事中新婚燕爾的夫妻，這個遭遇，會成爲他們生活中的一個慘痛又重大的教訓，這也告訴我們，一些看起來的好處，要想明白再去接受，要不然後果會更加的糟糕，甚至會給你留下一生難忘的經歷。

25 推銷員遇到的麻煩

有一個推銷員來到一個新住宅區，逐個敲門推銷自己的吸塵器。

當他來到一家人門前，敲門之後，有一個女人來開了門，在女士說話之前，他將馬糞末倒到了人家的地毯上。

然後這個推銷員說：「如果我的吸塵器不能將馬糞全部吸乾淨的話，那我將吃下它們。」

女士說：「你要不要加一些番茄醬呢，我們剛搬來，現在還沒有通電呢。」

笑過之後思索多

看完上面那個故事之後，我們都會爲推銷員的行爲大笑，相信這位推銷員的妙計，應該實行了很多次，他有充足的準備，但遺憾的是，這次的麻煩是和吸塵器沒有任何關係的，嚴格意義上來說，他其實也是打了一場沒有準備好的戰鬥，他的貿然行事，只能是留下讓自己無法收拾的後果。

人們都喜歡按照自己的設想去做事情，但是對於必要的程序卻認爲沒有必要，一旦出了麻煩，就變得手足無措，實在是讓人哭笑不得。

兵法上有「知己知彼，百戰不殆」的訓條，也就是告訴我們，在做任何事情之前，一定要摸清了所有的情況，一定要做好準備。一旦出手，就一定要成功，儘量避免臨陣亂了手腳。

26 醉鬼的眼裡

員警費盡周折，終於把一個醉鬼送回了家，他問醉鬼道：「這個地方眞的是你家嗎？」

醉鬼晃晃悠悠地說：「假如你能夠幫我打開門，我就立刻證明給你看。」

員警只好打開門，把他扶了進去。

「你看到這架鋼琴了吧，那是我的；你看到那台電視機了吧，那也是我的。」醉鬼進到房間裡之後，向員警介紹說。

兩人一邊說著，一邊來到了二樓。

「這個是我的臥室，你應該看到床了吧，上面睡覺的是我的妻子，然後你也應該看到她身邊的那個男人了吧？」醉鬼一本正經地介紹著說。

員警更加好奇了，於是問他說：「怎麼了？」

「那個男人就是我啦。」

笑過之後思索多

看完這個笑話之後，我們都會因爲這樣的事情而忍俊不禁，同時也爲那個喝醉酒的男子感覺

到悲哀，他面前的一切，已經讓他遭遇了最大的打擊，而他還把別人當成了自己，難道不讓人可憐嗎？

或許每一個看這個笑話的人，都自認爲不會淪落到這一步，但是與之相似的情況，卻是每天都在上演，我們或許也會看不清楚我們的周圍，看不清楚我們的世界。

閉起眼睛，並不能阻止我們不願意看到的事情的發生，相反的，這種事情會因爲我們的無動於衷而變得更加的囂張，他們會變本加厲地侵害我們的利益，最終會將我們完全驅逐，甚至視我們的存在爲無物。到那個時候，我們或許眞的就成了一個無立足之地的可憐的人了，等到我們認識的這一切的時候，已經晚了。

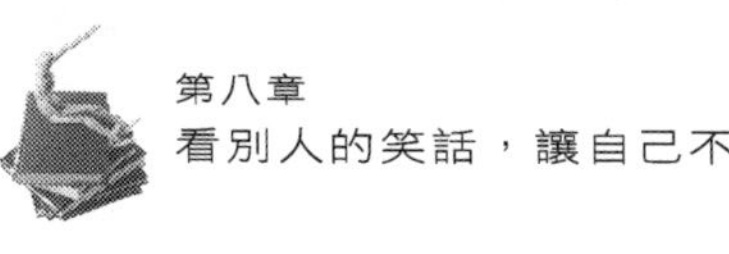

27 老李特殊的成語用法

老李是個說話喜歡用成語的人。

有一天，老李去祝賀朋友結婚，當看到新郎和新娘在給來賓敬酒，老李對著美麗無比的新娘說：「你今天可眞是『面目全非』啊。」

接著他又舉起酒杯對新郎說：「來，讓我們『同歸於盡』吧。」

笑過之後思索多

很多人在日常交流中，爲了能夠體現自己有學問，總喜歡用幾個成語，如果成語用得好，大家就都會認爲你是一個有文化修養的人，但是如果用不好，就會落下大家嘲笑的話柄。

詞語是人說話的基本構成元素，我們小時候就開始學習用詞造句，現實生活中，也是無時不刻在用詞造句。一個擁有豐富詞彙量並且善於運用的人，自然可以把自己的內心想法，很好地表達給大家。在成年之後，人們對於用詞造句的學習就變得淡了很多，他們都認爲用詞造句是小學生用來考試的把戲，從而造成了這樣的一種現象：一方面努力想要改變某方面的事情，同時也明白語言對於改變一件事情的重要性；而另一方面又不願意下功夫去學習，去獲得更大的詞彙量。

詞語——尤其是成語——用對了，能夠很好的打動人心，這種做法甚至會影響到自己的一生。馬克．吐溫就說過：「恰當地用字極具威力，每當我們用對了字眼……我們的精神和肉體都會有很大的轉變。」

如果我們不能夠很好地掌握詞語的使用，隨意的用詞甚至會造成意思的曲解，會扭曲事實。就比如說爲了讚揚一個人取得了非凡的成就的時候，卻說了一句「不錯的成就」，那自然會對對方的情緒造成很大的影響，這些都是因爲詞語用得不當所造成的緣故。一個人如果對於詞語不加以學習，他既定用的詞語終究會讓他的語言蒼白；反之，如果一個人認眞學習，不斷提高自己的用詞量，他的語言會給他的生活增色不少，他的生活也會變得更加多姿多彩。

Chapter

第九章

笑完了擦擦淚，想想背後的處世智慧

一些高水準的幽默和笑話，其實都是前人智慧的結晶，是他們的經驗的高度總結，他們都是經典。在聽完這些笑話，讓人豎起大拇指或者捧腹大笑的同時，還會讓人略有所悟，不斷讚歎這些笑話和幽默中的高超語言藝術。

1 抽煙的時候禱告

曾經有兩個年輕的修士，同時到一家修道院修行，兩個人都有抽煙的不良習慣。爲了能夠幫助他們戒煙，年輕人中的一個去問院長：「我能在禱告的時候抽煙嗎？」很明顯，這個年輕人被院長臭罵了一頓。

另一個也跑去問院長，他說：「我可以在抽煙的時候禱告嗎？」

這一位卻得到了院長的誇獎，稱讚他很虔誠，抽煙的時候都要禱告。

笑過之後思索多

每個人的思維習慣和說話方式都有所不同，時間久了，就會明白哪些是導致不良結果的說話方式，語言習慣形成之後很難改變，但是一旦改變，往往能夠給自己帶來驚喜。

上面兩個修士的做法其實都是一樣的，只是在說話的時候顚倒了次序，結果卻得到了兩種完全不同的效果，可見我們在說話之前需要好好想想。

2 不會說話的主人

有一個人爲了祝賀自己的五十歲生日，特地請來了四個朋友到家中吃飯，其中三個人準時到了，但是有一個人遲遲不來。

主人一著急就說：「急死人了，怎麼該來的還不來？」

來的三個人中的一個不高興了，他們說：「你這話的意思是我們三個人不該來了，那我告辭了。」說完就氣衝衝地走了。

一個沒來，一個又走了，主人一著急又說了一句：「眞是的，不該走的又走了。」

剩下的兩個人就更生氣了，其中一個說：「照你的意思，我們兩個是該走的了，那我先走了，再見。」說完也掉頭走了。

又氣走了一個，主人著急得不知所措，像熱鍋上的螞蟻一樣。

剩下的一個人平靜了一下說：「朋友都被你的話氣走了，你說話應該注意一下了。」

主人很無奈地說：「他們誤會我了，我又不是說他們。」

最後這位朋友一聽，再也忍不住了，說：「你不是說他們，那是在說我了？你也太過分了。」說完，也生氣地走了。

笑過之後思索多

這個幽默故事，可以看到一個人的說話角度不同，造成的結果也不同，故事中的主人本來沒有要氣走任何朋友的意思，但是他的語言惹怒了幾位朋友，這也是在告誡我們，說任何話之前一定要想一想，這樣才能夠收到良好的效果。

3 讓座的英俊先生

一個孕婦費勁千辛萬苦，終於擠上了公車，但是車上沒有一個座位，於是她說：「哪位英俊的先生，能夠給我讓一個座位？」

她的話剛一說完，立刻就站起來了五個小夥子給她讓座位。

笑過之後思索多

同樣是對別人的請求，不同的語言、不同的說話方式，得來的效果會完全不同，我們現在在一些公眾場合，會經常看到諸如「謝謝您保持這裡的清潔衛生」、「謝謝您爲別人獻上一份愛心」這樣的標語，這種語言帶著強烈的禮貌和感激，讓看到的人感覺很舒服，自然會願意遵守標語中的規定，如果只是簡單地「請您保持這裡的衛生」，可能就無法打動人心。

找到合適的機會和方式請求別人的說明，這樣你會更容易得到幫助。人們都喜歡有一種被抬高、被欣賞的感覺，如果你能夠給對方這種感覺，他們就會心甘情願地配合你的請求，在整個幫助的過程中，不但得到了身心的愉悅，還能夠得到你的感激，何樂不爲呢？

就像上面故事中的孕婦，說話就很有一套辦法，她對別人一聲讚美，結果就有五個年輕人願意將自己的座位讓出來，她的語言魅力可見一斑。

4 支付一美元的時間

一對年輕的男女坐在公園的長椅上，相互凝視著。過了一會兒，女孩對男孩說：「約翰，如果你能夠把你現在的想法都告訴我，我就願意爲你支付一美元。」

男孩想了一會兒後說：「我正在想，如果你能夠給一個吻的話，那將是世界上最美妙的事情。」

女孩臉變得緋紅，她過了一會兒後說：「我現在想再花一美元，然後知道你現在的想法。」

「這一次可是一個很嚴肅的問題。」約翰說道。

「那會是個什麼樣的問題呢？」女孩臉更紅了說。

「我是在想你什麼時候把那一美元付給我。」約翰很正經地說。

笑過之後思索多

在戀愛世界中的年輕人，特別容易被愛情沖昏了頭腦，容易把任何事情都想得很好，就像上面故事中的女孩一樣，天眞的姑娘把男友想得很浪漫，但沒有想到他是一個庸俗的人，居然在想著那賺來的一美元。

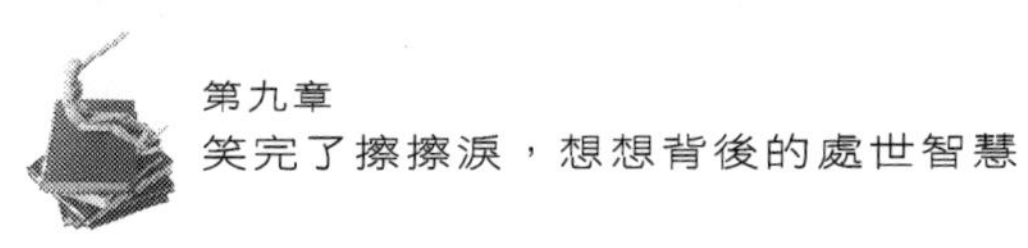

在我們的生活中，很多人都會犯這樣的錯誤，自以爲是地臆想，把任何事情都想的跟自己一樣善良，而且越來越將此當眞，在實際的行爲中，也是按照這種思維做事，結果不同的事實讓自己付出了不應該有的代價。

俗話說：「世事難料。」其實最難預料的是人的心，因爲人心更加複雜，也正是因爲這個原因，才使得事情不可捉摸。

所以，不管是對自己的內心，還是對別人的想法，都不要給予太高的評價和估計，要不然會離自己的期望很遠，最終只能是讓自己付出代價。

5 少女的擔憂

一個晚上，一個美麗的少女和一個英俊的男孩，在一條僻靜的鄉間小道上並肩前行。當時這位男孩背上背著一隻大桶、手中提著一隻母雞，另一隻手還拿著一根拐杖，同時還牽著一隻山羊，他們兩個走過了很長的一段路。

「我可不敢跟你走這條路了，」女孩說：「也許你想吻我呢。」

「我帶著這麼多的東西，怎麼能辦到呢？」男孩說著。

少女然後說：「假如你把拐杖插在地上，然後把羊拴在上面，再把桶放到地上，把母雞放到裡邊呢？」

笑過之後思索多

青年男女在談戀愛的過程中，一般都要有一個比較主動些，否則兩人的關係很難有大的進展和突破。感情的變化，往往取決於關鍵的環節的突破上，但是人和人之間有與生俱來的防備意識，有時候這種突破，一時間很難做出來，這就需要有一種提示，最好是暗示，從而把兩人的感情激發出來。

沒有人會在雙方都不夠瞭解的時候貿然行事的，如果這樣的話，一旦失敗，後面的狀況可能就無法挽回了，只有透過委婉的或者暗示的方法提醒對方，才能夠保證事情的進展。

就像上面故事中的兩人，男孩因爲身上有很多東西，所以應該不會有什麼非分之想，這就需要女孩主動一些，將自己的想法表達出來，要不然兩人會悄無聲息地走完這段路，然後一切就都結束了。

6 有安全意識的司機最可靠

有一位富翁想要聘請一位司機，於是他就問來應聘的所有求職者說：「你們能夠讓汽車離懸崖多近，而不掉下去？」

「八十公分。」有人說。

「四十公分。」也有人說。

「五公分。」有人冒險說。

但是最後一個求職者說：「我會儘量遠離懸崖，而且是越遠越好。」

結果最後富翁雇傭了最後一個求職者。

笑過之後思索多

一個人的努力是否得到成效，一方面要看努力得夠不夠，另一方面還要看努力的方向是否正確，如果你的行爲在你錯誤的思維指導下，一開始就陷入了錯誤之中，之後再怎麼努力也都無法成功。

任何人都知道努力要比懶惰好很多，但是錯誤操作的行爲，不管你如何努力，最終都不會得到別人的肯定。可能你會抱怨説，你做事情比別人努力，也更實在，也是最可靠的，就算沒有功勞也應該有苦勞，但是沒有人會聽你的抱怨。

在講究實際的今天，別人要的不是苦勞，人家更看重的是功勞，像這樣的抱怨，無非就是一個蠻幹者的牢騷話，是不會有人去聽的。

上面故事中的前三個司機，的確是技術高超，他們都能夠很接近懸崖，且不至於讓車子掉下去，但是富翁想要的卻是遠離懸崖的最後一個司機。

7 失而復得的錢包

有一天，張先生在下夜班回家的時候，獨自一個人走在一個強盜常出沒的巷道，忽然一個高個子陌生人從他的身邊擦身而過，王先生嚇壞了，認定對方偷了他的錢包，趕緊摸口袋，果然錢包不在了，要知道裡邊裝著一千多元呢。

這個時候，張先生靈機一動想到一個辦法，他把手伸到口袋裡，伸出手指做出槍的樣子，然後對著那個人說：「站住，快點把錢包交出來。」

大個子顯然被突然而來的架勢嚇住了，他停住腳步，然後看著張先生，乖乖地把口袋裡的錢包掏了出來。

張先生回到家後，把失而復得的錢包交給太太，然後大肆吹說自己遇到強盜並且制服強盜的經過。

太太很驚訝地說：「你早上出門的時候，我就把你的錢包拿出來了啊。」

笑過之後思索多

爲了自己的利益而去損害他人的利益，這是一種自私的做法，甚至可以說是愚蠢的。在我們的生活中，人與人之間的關係應該是友愛的、合作的、相互支援的。人與人之間更應該是相處支持，對於那些損人利己的、阻礙社會進步的行爲，我們要堅決制止。

8 聰明的報復

一對夫妻的車子在一條鄉間小路上拋錨了，他們一時間找不到可以拖動他們的車子。眼看著夜幕降臨了，夫妻倆非常著急，正在坐立不安的時候，兩個農夫走了過來，夫妻就請求他們幫助拖車子。

「這裡到村子要四公里呢！」一個農夫說：「一公里算十美元，如果你願意出四十美元，我就幫你拖過去。」

這對夫妻被這個價格嚇住了，但是兩個農夫絲毫不願意讓步，沒有辦法他們只能同意了。兩個農夫費了九牛二虎之力，將車子推到了村子裡，然後拿到了四十美元的報酬，妻子很氣憤：「真是的，這裡簡直是在搶錢。」

丈夫安慰妻子說：「別生氣了，我可是一直踩著剎車讓他們推的。」

笑過之後思索多

世界上總是有一些人心胸狹窄，他們一旦吃虧了，就會想方設法撈回來，即便是一些心理上的補償，他們也感覺很滿足。其實，有些場面並不是自己吃虧了，只不過是沒有按照自己的想法，沒有想像的那麼美妙罷了，可他們就會因爲這個原因而做出一些愚蠢的事情來。

報復的行爲本身就是一種偏激的行爲，也是不明智的。如果是因爲自己的小心眼而去報復別人，就顯得更加愚蠢了，由於某些情況是無法更改的，做出那些損人不利己的行爲是完全沒有必要的。

9 等待中的優勢

有一天，小明的媽媽帶著他去雜貨店裡去買一些東西。

老闆看到小明很可愛，於是就打開自己的糖罐，然後讓小明自己拿一些糖果，但是這個男孩沒有任何的動作，一直站在那裡。

幾次的邀請之後，老闆見小明不動，於是自己抓了一把糖果放到了他的口袋裡。

回家的路上，媽媽就很好奇地問他，爲什麼沒有去抓糖果，而是要讓老闆來抓。

小明回答說：「因爲我的手比較小啊，老闆抓的肯定比我抓的多多了，所以我一直在等著他來抓。」

笑過之後思索多

現實生活中，往往有些人將自己的貪婪隱藏起來，他們的欲望在外邊一點都不顯露，而是在內心深處記掛著自己的目標，他們可以表現得很從容。

一些聰明的人都是這樣做的，這種行爲當然不能說是錯的，他們總是採用以退爲進的方式，來等待自己所要的結果到來。就像故事中的小男孩，他知道如果老闆是眞心誠意給他糖果，那他就可以等，因爲老闆的大手抓的可要比自己拿的多多了。在這裡他展現的就是一種非常智慧，看完這個笑話，不由不感歎：「後生可畏啊！」

10 開書店的準岳父

一天中午，小王急急忙忙地跑去一家書店，一進店就問老闆說：「哪些書會讓年輕人看起來更有學問一些？」

看到老闆一臉不解的樣子，於是小王又說：「我知識有限，但是今天晚上要和我女朋友的父母見面，聽說那個老傢伙，哦，也就是我女朋友的父親，很喜歡有學問的人，所以我想買幾本書看看。」

老闆這才明白小王的意思，於是給了他一本《三國演義》，然後說：「你就看這本書吧，這個上面全是學問。」

小王付好錢後，就離開了。

當天晚上，小王如約赴會，和自己女朋友的父母一起用餐，誰知道小王剛一入座，就開始低著頭祈禱，而且這個禱告進行了十分鐘，女朋友低著頭說：「認識你這麼長時間了，還不知道你是一個虔誠的基督教徒。」

小王說：「認識你這麼長時間了，你也沒有告訴我，你老爹是個開書店的。」

笑過之後思索多

我們會以爲自己即將要面對的事情，只要能夠在事先做好準備工作，就會沒有擔憂了，但是現實的狀況往往就這麼有趣，你覺得和你沒有關係的人，到後來卻栽到了那個人的手裡。

所以做任何事情的時候，不要以爲這件事情的當事人不會知道，就像上面故事中的小王，越不想讓自己的準岳父知道自己沒學問，結果第一個親口告訴的人，就是自己的準岳父。就像林肯總統曾經說過的：「你可以在任何時刻欺騙某些人，也可以在某些時刻欺騙任何人，但你不能在任何時刻欺騙任何人。」

11 你也要為狗著想

有一天，丈夫在外邊弄髒了自己的白色襯衫，只好借了朋友的一件黑色襯衫回家了。

誰知道到了自己家門口的時候，自己家的狗狂叫不止，居然認不出他了。丈夫非常生氣，於是想用一支木棒打狗，這個時候妻子正好出來攔阻了他。

「好了，就不要打他了。」

「我們家的這隻狗眞可惡，居然連我都不認識了。」丈夫非常生氣地說。

「親愛的，你也應該為它想想，如果有一天它出去，然後變成一隻黑狗回來了，你能認出來嗎？」

笑過之後思索多

如果自己發生了變化，就不要責怪別人對自己另眼相看，首先要從自己的身上找毛病，不然的話就會像故事中的丈夫一樣，自己的衣服發生了變化，卻在責怪狗不認識他了，最後卻遭到了妻子的嘲笑和譏諷。

12 教給兒子的成功秘訣

父親：「孩子，一個人的成功，需要智慧和誠實。」
兒子：「智慧我明白，但是什麼是誠實呢？」
父親：「誠實就是信守諾言。」
兒子：「那您還是再解釋一些智慧吧。」
父親：「智慧就是不要輕易許諾。」

笑過之後思索多

誠實，任何時候在人的眼裡都是一種美德的表現；智慧則是每個人都希望得到的人生資本。所以，如果有人可以同時擁有誠實和智慧，實在是一件讓人羨慕的事情。

但是，社會的複雜性，必然會讓智慧和誠實在一個人的身上，發生一定的衝突，因爲總會有些事情是讓這兩者相悖的。這種問題總是讓人很困惑，就像生活中的一些荒謬的事情，既然無法破解它，我們就需要從中跳出來，甩開這個怪圈子，讓自己置身局外，這樣可以更好地認識事物，從而處理事物。

就像上面那段父子之間的對話，父親教給兒子的秘訣，看起來有點荒謬，但其實是把握住了人生的處事策略和最精髓的部分，既然人無法完全信守諾言，那麼就少許下一些諾言，免得讓自己落入兩難的境地，這種做人方法和處世哲學，可以讓我們在生活中更加穩固。

13 老紳士的聽力障礙

有一位老紳士的耳朵，有障礙已經很多年了，後來在醫生的建議下，佩戴了當時最好的助聽器，這種助聽器不僅在外觀上很隱蔽，而且可以百分之百幫助聽力。

大概一個月後，這位老紳士來見醫生，醫生非常高興地問道：「先生現在的聽力這麼棒，家人肯定會很高興吧？」

老紳士回答說：「我並沒有把這件事情告訴我的家人，這一個月來，我只是坐在他們的身邊聽他們講話，然後將遺囑修改了三次。」

笑過之後思索多

處在沒有聲音的世界裡的人無疑是悲哀的，就算是自己的家人，也許都會有意無意中打這個人的算盤，這種虛假一旦被打破，帶來的將會是痛苦的結局。

就像上面故事中的老紳士，他的遭遇說不清楚是幸運還是不幸運，當讓戴上世界上最好的助聽器的時候，也聽到了家人對他的遺產的盤算，這種生活中的殘酷讓他受不了了，他修改了三次遺囑，也是對家人行爲的一種反抗，雖然是一個笑話，但是其中卻帶著悲涼的氣味。

14 剩下來的布料

妻子對丈夫說：「親愛的，我買了一些絲質的料子，準備給你做一條領帶。」

丈夫看著布料，說：「眞是太好了，不過爲什麼要買這麼多呢？」

「因爲剩下的布料，我可以給我做一條連衣裙。」

笑過之後思索多

通常一些自己認爲不錯的事情，到了最後卻成了讓自己不爽的事情，所以我們在看待事物的時候，不要盯著它的表面，一定要看到它的本質，看到深層次裡到底有著怎樣的眞相。

這一點其實就是人性最大的盲點，一些善於算計別人的人，總是會利用這種盲點，然後設計出一套陷阱來。

就像故事中的妻子，就是藉助著給丈夫做領帶的旗號，然後大肆鋪張買了給自己做連衣裙的布料，說的是給丈夫做領帶，其實誰都可以看出來，主要還是給自己做連衣裙。

當然，這些只不過是夫妻之間在生活中的趣事，如果是在社會中，利用給別人做領帶，從而讓別人失去了一塊做連衣裙的布料，對方肯定就高興不起來了。

所以我們在處理事情的時候，做出選擇的時候，一定要透過幾個角度去認眞審視，不要輕易被眼前的利益所蒙蔽，要不然最後吃虧的還是自己。

15 KGB成員和踩腳的關係

在我羅斯某城市的一輛擁擠的公車上，一個男子拍了一下另一個男子的肩膀，然後低聲說：

「你是KGB成員嗎？」

「我不是。」

「那麼你的家庭成員中有KGB成員嗎？」

「沒有。」

「那麼你的鄰居中有KGB成員嗎？」

「好像也沒有。」

「那麼你認識的人或者熟人裡，有沒有KGB成員？」

「據我所知應該是沒有。」

「好了，既然這樣，那請不要踩我的腳。」

笑過之後思索多

讀完這個故事之後，我們在大笑的同時，還在想那個人也是太過於拘謹了，當然在我們的意

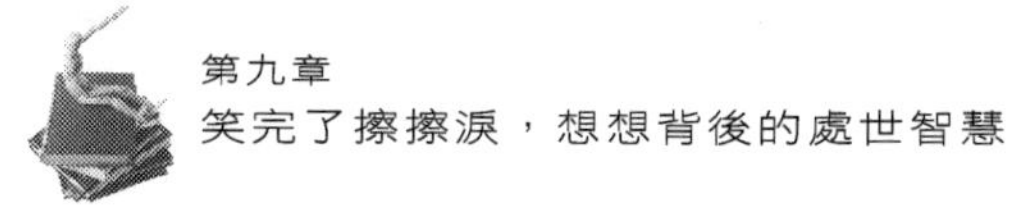

識裡，完全可以推開對方，並且要求對方道歉。但是我們要是在那個城市的話，他的這種謹慎的幽默就是可以理解的了。

實際上，在我們的生活中，學會謹慎做人很重要，任何事情多一些禁忌，並不是多餘和錯誤的。

16 天天有魚的趙家

趙家的媳婦經常到隔壁的王家去，她說：「今天我們家燒了一條魚，卻發現沒有薑和蒜，所以想向你們家借一點。」

她經常這樣做，王家人也不願意了，而且她也沒有天天燒魚，只是在佔王家的便宜。

有一天，王家的媳婦也去了，她說：「我們家今天要燒一條大魚，薑和蒜都是有的，打算向你們家借一條大魚，好在你們家天天有魚。」

笑過之後思索多

在現實生活中，講究做老實人、說老實話。但是一味的寬容和老實，就會縱容別人的行爲，反倒會讓別人有更加不適當的行爲和語言。面對別人無禮的攻擊和嘲笑的時候，就要學會用適當的方式去回擊，從而保全自己的利益和尊嚴，當然，反擊的方法有很多，幽默的方式就是一種。

17 沙子裡面的米飯

在一家餐廳裡，有一位顧客正在用自己的筷子，將米飯中的沙子一粒一粒揀出來，擺放在桌子上。

服務員看到後有點不好意思了，於是說：「裡邊沙子不少啊。」

顧客笑笑說：「沒關係，還是有一點米飯的。」

笑過之後思索多

在和其他人的交往中，如果遇到了對方的錯誤，我們經常會控制不住自己的情緒，從而對對方大加指責，結果是讓雙方不歡而散，如果我們在指責他人的同時加上一些幽默，這樣就會收到不錯的效果。在生活中，請放下嚴肅的態度，用幽默的方式暗示給對方，這樣既可以將自己的資訊傳遞給對方，同時也可以保全對方的面子和尊嚴。

就像上面笑話中的顧客，他並沒有說出米飯的品質和衛生程度，而是很幽默地說「沙子中還是有一些米飯」，從而化解了服務員的尷尬，透過幽默的方式表達了自己的不滿，說得又很委婉，不至於傷害到服務員的面子。

幽默可以透過和顏悅色的方式指出別人的觀點，讓人們在笑聲中認識到自己的缺點，在笑聲中解決問題和改正了錯誤，這樣豈不是更好？

國家圖書館出版品預行編目資料

避實就虛：別笑 這是最牛的幽默 / 龍逸文著. --
初版. -- 新北市：華夏出版有限公司, 2023.10
面； 公分. --（Sunny 文庫；295）
ISBN 978-626-7134-95-5（平裝）
1.CST：幽默 2.CST：生活指導

185.8 112000869

Sunny 文庫 295
避實就虛：別笑 這是最牛的幽默

著 作 龍逸文
印 刷 百通科技股份有限公司
電話：02-86926066 傳真：02-86926016
出 版 華夏出版有限公司
220 新北市板橋區縣民大道 3 段 93 巷 30 弄 25 號 1 樓
電話：02-32343788 傳真：02-22234544
E-mail： pftwsdom@ms7.hinet.net
總 經 銷 貿騰發賣股份有限公司
新北市 235 中和區立德街 136 號 6 樓
電話：02-82275988 傳真：02-82275989
網址：www.namode.com
版 次 2023 年 10 月初版一刷
特 價 新台幣 450 元（缺頁或破損的書，請寄回更換）

ISBN-13： 978-626-7134-95-5